语言与法律研究

International Journal of Language, Culture & Law

（2023年第2辑）

张法连 主　编
徐　珺 执行主编

理论探讨·法律语言与文化·法律外语教学
法律翻译·法治传播·法治话语·涉外法务实践

中国政法大学出版社
2024·北京

主管单位：	中华人民共和国教育部
Supervising Department:	Ministry of Education of the People's Republic of China
主办单位：	中国政法大学
Organizer:	China University of Political Science and Law (CUPL)
承办单位：	中国政法大学外国语学院
Co-Organizer:	School of Foreign Studies, CUPL
协办单位：	中国仲裁法学研究会法律英语教学与测试专业委员会
Supporting Organizer:	Professional Committee of Legal English Teaching and Testing, China Academy of Arbitration Law
主　编：	张法连
Editor-in-chief:	ZHANG Falian
执行主编：	徐　珺
Executive Editor-in-chief:	XU Jun
地　址：	北京市海淀区西土城路 25 号《语言与法律研究》编辑部
Address:	Office of the Editor-in-chief, International Journal of Language, Culture & Law, 25 Xitucheng Lu, Haidian District, Beijing, China
邮　编：	100088
Zip Code:	100088

语言与法律研究

编委会

主　　　编：张法连
执 行 主 编：徐　珺
编 委 会 主 任：时建中
编委会副主任：张　清

编委会成员（按姓氏音序排列）：
陈瑞华（北京大学）
党争胜（西安外国语大学）
董洪川（四川外国语大学）
高凌云（复旦大学）
郭龙生（教育部语用所）
胡开宝（上海外国语大学）
黄忠廉（广东外语外贸大学）
贾文键（北京外国语大学）
李国强（中国政法大学）
李宇明（北京语言大学）
刘法公（浙江工商大学）
刘　宏（大连外国语大学）
彭青龙（上海交通大学）
舒国滢（中国政法大学）
王立非（北京语言大学）
王文斌（北京外国语大学）
文　旭（西南大学）
向明友（对外经济贸易大学）
杨　平（中国外文局）
杨宇冠（中国政法大学）
姚泽金（中国政法大学）
袁毓林（北京大学）
查明建（上海外国语大学）
郑高键（甘肃政法大学）
钟智翔（洛阳外国语学院）
周叶中（武汉大学）
满运龙（美）（北京大学国际法学院）
Xuan-Thao Nguyen（美）(University of Washington Law School)

International Journal of Language, Culture & Law

Editorial Board

Editor-in-chief: ZHANG Falian
Executive Editor-in-chief: XU Jun
Chair of the Editorial Board: SHI Jianzhong
Associate Editor-in-chief: ZHANG Qing

Members of the Editorial Board (in alphabetical order):
CHEN Ruihua
DANG Zhengsheng
DONG Hongchuan
GAO Lingyun
GUO Longsheng
HU Kaibao
HUANG Zhonglian
JIA Wenjian
LI Guoqiang
LI Yuming
LIU Fagong
LIU Hong
PENG Qinglong
SHU Guoying
WANG Lifei
WANG Wenbin
WEN Xu
XIANG Mingyou
YANG Ping
YANG Yuguan
YAO Zejin
YUAN Yulin
ZHA Mingjian
ZHENG Gaojian
ZHONG Zhixiang
ZHOU Yezhong
Thomas Man
XUAN-Thao Nguyen

目　次

◇ 法律翻译研究

1　法律术语翻译中的国家法律形象建构研究
　　——以《中华人民共和国民法典》物权编术语英译为例　　戴拥军　黄李坤

17　法解释学视域下《中华人民共和国民法典》翻译策略
　　探讨　　付　瑶　陈志君

29　plea bargaining 及同族词之误译与误用探究　　刘国庆　吴泽宏

48　计算机辅助翻译技术在立法文本翻译中的应用研究　　蒋毓婧　刘耘男

62　理解还是误读？——小斯当东英译《大清律例》中
　　"化外人"翻译的再评价　　陈　锐　张启扉

82　《中华人民共和国民法典》英译本中术语翻译述评　　刘祯祺　叶　洪

◇ 法治文化研究

97　做好中华学术外译，助力对外法治传播　　孙平华

123　我国法治文化负载词英译研究　　徐　珺　王　钊

134　《中华人民共和国著作权法》中"表演"的统一表达与
　　体系性解读——以作品诠释为核心　　高卓锐　刘友华

◇ 法律英语教学研究

154　新时代涉外法治课程体系建设——以"英语+法律"学科交叉
　　为核心　　宋书强

Contents

◇ Legal Translation

1 A Study of the Construction of National Legal Image in Legal Term Translation: Examples from the English Translation of Terms in the Book of Real Right in *Civil Code*   DAI Yongjun, HUANG Likun

17 On Strategies of Translating *Civil Code of the People's Republic of China* from Perspective of Legal Dogmatics   FU Yao, CHEN Zhijun

29 Probing into Misinterpretation and Misuse of "Plea Bargaining" and Its Kindred Terms   LIU Guoqing, WU Zehong

48 A Study on the Application of Computer-Aided Translation Technology in Translating the Legislative Texts   JIANG Yujing, LIU Yunnan

62 Comprehending or Misinterpreting? —A Reassessment of the Translation of "Hua Wai Ren" in George Thomas Stanton's English Translation of *Ta Tsing Leu Lee*   CHEN Rui, ZHANG Qifei

82 A Review of the Terms Translation in the English Version of the *Civil Code of the People's Republic of China*   LIU Zhenqi, YE Hong

◇ Law-related Culture

97 Promoting Dissemination of Foreign-related Rule of Law through China Academic Translation Project   SUN Pinghua

123 A Study on English Translation of Culture-loaded Words Related to the Chinese Culture of Rule of Law   XU Jun, WANG Zhao

134 The Unified Interpretation of "Performance" in *Copyright Law of the People's Republic of China* with Work Interpretation as the Core

GAO Zhuorui, LIU Youhua

◇ Legal English Teaching

154 Constructing a Curriculum System for Foreign-Related Rule of Law in the New Era—Considering the Intersection of Law disciplines and English as the Core

SONG Shuqiang

法律翻译研究

法律术语翻译中的国家法律形象建构研究
——以《中华人民共和国民法典》物权编术语英译为例*

戴拥军　黄李坤

摘　要：《中华人民共和国民法典》（以下简称《民法典》）作为中国第一部以"法典"命名的法律，是中国特色社会主义法律体系的重要组成部分，其中物权编在2007年《物权法》的基础上进行改动，进一步强化了法律对于物权的保护，这些变动无形中对于《民法典》的外译构成了新的挑战。物权编中的术语作为该文本的重要组成部分，是文本思想的纽带与关键表达，对其中的术语翻译进行深入研究，一方面有助于中国法律文化更好地"走出去"，另一方面也可以推动中国国家法律形象的积极构建。本文以《民法典》物权编中的核心术语为例，通过对现存三个《民法典》英译本的对比分析，从法律精神传递、形象塑造侧重点、语言风格及立意高度三个方面，探讨法律术语翻译与国家法律形象建构的内在关联，同时为新时期的法律术语翻译提供借鉴与参考。

关键词：《民法典》物权编　法律术语　翻译　国家法律形象　建构

引　言

2020年5月28日，第十三届全国人民代表大会第三次会议通过我国首部《中华人民共和国民法典》（以下简称《民法典》）。作为我国第一部以"法典"命名的法律，《民法典》的编纂与出台是新时代中国特色社会主义法治建设进程中的重要里程碑，也是我国全面依法治国的重要制度载体。做好《民法典》的外译工作，讲好中国法治故事，对于构建中国国际话语体系、

---

* 本文系国家社科基金一般项目"国家法律形象建构下的法家思想对外译介研究"［21BYY179］的阶段性成果。

推行法治外交、塑造中国国家法律形象、有效推动构建人类命运共同体意义重大，影响深远（张法连，2021）。而对于《民法典》的术语翻译目前已经受到学术界乃至整个社会的较多关注。

物权编在《民法典》中除"总则"以外，排在各分编之首，其重要性不言而喻。物权编对原《物权法》进行了一些修改和完善，进一步明确和规范了物权的行使和保护，"体现了物权制度的现代化和中国化，超出了传统物权理论视野，需要新的认识和见解以解放传统物权理念的束缚"（孟勤国，2021：2）。可以说，物权编中的一些术语被赋予新的含义，对这些术语的研究具有重要的实践意义和学术价值。从目前对《民法典》翻译的研究文献来看，除少数学者（张法连，2021/2022；赵军峰、薛杰，2022）对物权编的术语翻译有所涉及外，大多学者对《民法典》的术语翻译都较少涉及，且较少从国家法律形象建构视角进行剖析。而"《民法典》标志着中国特色社会主义法律体系在民事领域的成熟和完善"（赵军峰、薛杰，2022：27），当其中的术语被翻译到国外时，它们自然也是塑造中国国家法律形象的重要载体。

笔者通过对《民法典》现存主要三个译本进行对比和分析，发现物权编三个译本在相关术语翻译上存在较多区别，尤其表现在法律精神传达、形象塑造侧重点、语言风格和文本立意高度等方面。本文基于对法律术语与国家法律形象内在关系的阐述，探讨三个译本在物权编相关术语翻译上的优劣得失，从而提出针对性的建议或改进措施，以期为新时期中国法律术语翻译提供一定的借鉴与参考。

一、法律术语与国家法律形象

"法律术语是用于表达法律概念，指称和反映法律领域特有的或与法律相关事物的现象和本质属性的法律行业专门用语"（杜金榜，2004：86）。法律术语常常被用来描述法律原则、规则和程序。因为在使用时有法定的语义、特定的语境，以及法定的适用对象或支配对象等，对法律术语的定义和解释往往非常严密，这样才能确保法律的准确应用和解释。

"国家的法律形象依赖具有法的效力的法律文本而形成，是现代国家建构的产物，具有鲜明的民族性特征。"（耿思远 2022：13）国家法律形象涉及到国家的法律制度、法律体系的完善程度、法律实施的公正性和效果等方面。因为法律术语本身所具有的特性，它可以非常直观地反映一个国家的法律原则、规则和程序等，因此可以说，法律术语可以反映一个国家的法律形象。所以，在一国的立法过程中，正确的法律术语和准确地使用就显得格外重要。

基于上述认识，我们将法律术语与国家法律形象之间的内在关系表述如下：（1）法律术语是法律系统中的基本构建单元，其准确性对于确保法律适用的一致性和公正性至关重要。如果法律术语被模糊或错误地使用，将导致法律运作的混乱和不公正，从而损害国家的法律形象。（2）一个国家的法律体系应确保法律术语被普遍理解和适用，以避免因不同解释而导致的法律不确定性。一致的法律术语应用有助于建立一个稳定和可预测的法律环境，提高国家的法律形象。（3）透明度是国家法律形象的重要组成部分，而法律术语的透明度对于保障公民的权利和促进法治至关重要。透明的法律术语应用有助于建立信任和公正，提升国家的法律形象。（4）一个国家的法律术语应该是经过权威机构或法律专家审查和确立的，具有权威性的法律术语表明国家的法律体系建立在专业性和可靠性的基础上，赋予法律以更大的权威性和可信度，进而提升国家的法律形象。

《民法典》是全国人民代表大会"聚万众智慧，应时代所需"而颁布的新中国成立以来的首部"法典"，"那一条条具有鲜明中国特色、实践特色、时代特色的法律条文，从纸面跃进现实，'典'亮社会的每一个角落"（舒颖，2023：17），因而是中国国家法律形象最生动的写照。《民法典》的对外翻译无疑是中国法治建设成果对外传播的重要举措，"为国际社会和外国读者了解中国法治文化架起了一座桥梁，对构建中国法治话语体系、塑造良好中国法律形象具有重大现实意义"（张法连，2022：128）。《民法典》中的术语是文本思想的纽带与关键表达，浓缩了《民法典》的核心思想和精华，体现了有中国特色社会主义法律体系的深度和广度，因而最能反映该文本所体现的中国国家法律形象，在对外翻译中必须精益求精，来不得半点马虎。作为《民法典》较为重要的一部分，物权编的术语翻译自然也需要非常重视国家法律形象的国际建构。

二、《民法典》物权编术语英译对比研究

截至目前，《民法典》已出现数个英译版本，其中人们关注较多的主要有三个,即全国人民代表大会官网英译版(以下简称人大版)、国内权威法律信息检索平台——北大法宝网英译版(以下简称法宝版)和上海秘塔网络科技有限公司推出的秘塔 AI 英译版(以下简称秘塔版)。人大版由全国人民代表大会常务委员会法制工作委员会组织翻译,"是集体智慧的结晶,译文质量实属上乘"(张法连,2021:123)。法宝版"由'北大法宝'翻译中心人工翻译,多重校对,更符合中文原意"[1]。秘塔版则是利用自然语言处理技术进行翻译,代表了在人工智能技术背景下机器翻译的前沿成果。通过选取这三个译本,我们可以综合考察不同机构、组织或平台在《民法典》翻译上的大致取向,并为未来的法律文本翻译提供借鉴和参考。下文将以物权编中 6 个法律条款为例,探讨不同版本之间在同一法律术语翻译上的差异以及对国家法律形象建构的重要影响。

(一)法律精神传递上的区别

法律精神是法律所要传达的核心理念、原则和价值观,是法律的灵魂和精髓。而法律术语翻译的目的就是准确地传达法律文本的含义和精神。具体来说,法律术语翻译需要通过语言转换和文化适应,将源语言(法律原文)中的法律精神转化为具有相应意义的目标语言(翻译文本)。物权编中的各项条款都是人们在社会生活上所关心问题的集中反映,可以说是当代社会极为重要的政治、经济和社会问题。正确传达出这些条款所蕴含的法律精神,不仅可以在不同语言和文化环境中传播和传达我国的法律形象,同时,也有助于维护我国法律的权威性,提高我国法律在国际法律界中的话语权。

例(1)《民法典》第三百六十七条第一款 设立居住权,当事人应当采用书面形式订立居住权合同。(原文)

Article 367: To create a right of habitation, the parties shall enter into a contract on such a right in writing. (人大版)

Article 367: To create a right of habitation, the parties shall enter into a contract on the right of habitation in a written form. (法宝版)

Article 367: For the establishment of residence rights, the parties con-

---

[1]《北大法宝·英文译本库,是时候放大招了》,载 https://www.163.com/dy/article/GENN9F5F0530W1MT.html,最后访问日期:2023 年 10 月 21 日。

cerned shall enter into a written residence rights contract. （秘塔版）[1]

作为一项源自罗马法，并被域外民法普遍规定的古老制度，居住权是房屋所有权实现的一种方式，"是指以居住为目的，对他人的住房及其附属设施所享有的占有、使用的权利"（王利明，2019：91），其生命力经过了历史的检验，对于解决我国诸多与住房相关的现实问题相当有价值。《民法典》对居住权的概念和定位作出了详细的规定，其根本目的是实现广大人民群众尤其是弱势群体对美好幸福生活的期待，实现"住有所居"，而完整正确地向外传递其中的法律精神对于我国法律形象的塑造来说必不可少。究其译本，人大版和法宝版都将"居住权"译为 right of habitation，非常符合该术语的内在精神传达。根据《布莱克法律词典》，"habitation"存在以下两个方面的含义：①居住或占有的行为；常住的地方。②【民法】不可转让或继承的居住在另一房屋的权利（Darner，2014：826）。概括起来说，right of habitation 是由法律、协议或契约赋予人们在某个住所中居住，无论是租赁住所、共有房屋还是其他形式的安排，它强调的是个人居住的权利，这里所表达的法律意义与我国《民法典》居住权的具体内涵契合度极高，能够充分向西方国家传达我国居住权的法律精神。秘塔版将"居住权"翻译为 residence rights，而"residence"在《布莱克法律词典》的释义是"在特定时间内在特定地点居住的行为或事实（比如在新泽西州一年的居住）"，常用来"区别一个人的永久居住地（domicile）"（Darner，2014：1502）。换言之，个人在同一时间内可能有多个 residence，但只有一个 domicile。实际上，residence rights 在西方法律中表示的这种权利，与国籍、移民身份、家庭关系或其他因素有关，与我国《民法典》中的"居住权"是有概念上的差别的。应特别指出的是，秘塔版又将第十四章的标题"居住权"翻译为 right of abode，这首先违背了法律翻译的一致性原则；其次，right of abode 所表达的通常是指一个自然人在特定地区或国家永久居住的权利（Xiao Yongping，2000），这与我国的"居住权"内涵大相径庭。若该翻译被西方法律界视为我国"居住权"的对应翻译，不仅不能表达出我国法律的正确含义，更无法向西方国家正确传递我国法律重视和保障人民群众根本利益的法律精神。

---

[1] 例（1）中原文摘自《中华人民共和国民法典》（中国法制出版社 2020 年版）；人大版译文摘自全国人民代表大会官网公布的《民法典》英译文，法宝版译文摘自北大法宝网《民法典》英译文；秘塔版译文摘自秘塔网络科技有限公司提供的《民法典》中英文对照版。下文所有示例的译文出处都与此相同。

例（2）《民法典》第二编 物权（原文）
Book Two：Real Rights（人大版）
Book Two：Real Rights（法宝版）
Part Ⅱ：Material Rights（秘塔版）

"物权"作为物权编的最基本术语，其翻译不仅能体现国家的法律翻译水平，更能体现物权编的基本法律精神，是《民法典》对外传播中的担当门户。探究该术语的翻译，我国曾将"物权"译为 the property right，但现在基本上持统一意见翻译为 real rights（赵军峰、薛杰，2022）。real 在这里指的是与物体相关或附属于物体（无论是可移动还是不可移动）的权益，它与只针对个人而保护的利益相对应（Darner，2014：1455）。real rights 这种翻译选择也是为了与国际法律术语保持一致。在国际上，"物权"通常被翻译为 real rights 或 property rights，以强调其与特定物体或财产的关系。人大版和法宝版都统一翻译为 real rights，符合主流译法且在下文中保持了其一致性的特点，反映了我国《民法典》在保护公民在与物有关的所有权、使用权、居住权、用益权、不动产役权、质权和不动产抵押权等方面的立法意图。反观秘塔版，其翻译为 material rights，这属于明显错译，错误类型与"物证"的错译相类似。"物证"的正确翻译为 real evidence 或 physical evidence，其最常见的错译是 material evidence，实际意为"实质性的证据"，因而无法反映我国《民法典》的立法精神和意图。

（二）形象塑造侧重点上的区别

在进行《民法典》的术语外译时，正确传递其中的法律精神固然重要，同时法律形象塑造也丝毫不容忽视，尤其当涉及到国家形象构建时，不同的词汇或表达方式，所建构的形象侧重点也会有较大差别。例如，土地自古以来在中国人民眼中具有重要的地位，在中国传统文化中，土地被视为人们赖以生存的基本资源，是神圣和不可侵犯的存在；同时，农业是中国传统经济的基础，土地被广大农民用来种植粮食和其他农作物，维系着国家的粮食安全和经济稳定。在相关术语的翻译中，译者应当有意识地强调我国法律在该方面的重视与保护，如使用 land、territory 或者其他富有象征意义的词汇，而不使用一般意义上的 soil、ground 等，来突出土地作为重要经济资源和维持民族生存的形象，在法律上更是体现国家对土地和农业资源的保护和重视。

例（3）《民法典》第十一章 <u>土地承包经营权</u>（原文）

Chapter XI：<u>Right to Contractual Management of Land</u>（人大版）

Chapter XI：<u>Conventional Usufruct on Rural Land for Agricultural Operations</u>（法宝版）

Chapter 11：<u>Rights to Land Contractual Management</u>（秘塔版）

作为物权编中的重要术语，"土地承包经营权"是指土地承包经营权人依法对其承包经营的耕地、林地、草地等享有占有、使用和收益的权利，有权从事种植业、林业、畜牧业等农业生产（胡爱国，2021：233）。从该术语的定义可知，该术语的主体为土地承包经营权人，实际主要指农民。中国作为一个以农为本的大国，农业和农民的问题是我国的头等问题，加上近些年不断有外国媒体对我国农民问题大肆造谣抹黑，在国际上造成了十分恶劣的影响，因此展示我国法律对农民和农业的关注和保护，有助于改变外界对相关问题的误解和偏见，树立我国法律重视农业和农民的良好形象。究其所译，我们可以发现，人大版和秘塔版的译文清晰简洁，两者侧重点都在于对土地的合法、合规经营的权利。人大版通过将 Right to 放在首位，强调土地的承包经营需要得到法律的保护和重视；秘塔版较类似，倾向于对土地合同性质的承包和经营权利，强调了法律程序保证下的正规、公平、公正等特点。而法宝版则以 Conventional Usufruct 开头，在 land 前面使用形容词 rural，并用 agriculture operations 进一步限制，传达了对"农村"用于"开展农业活动"的土地的"协定使用权"。这种表达不仅稍显冗长，还因为使用了 Conventional Usufruct，其侧重点在于因协议或约定而产生的使用权，不一定具备严格法律意义上的使用权，因此弱化了我国国家层面对土地承包经营权的严格法律保障之形象。

例（4）《民法典》第三百七十三条第一款　设立<u>地役权</u>，当事人应当采用书面形式订立地役权合同。(原文)

Article 373：To create an <u>easement</u>, the parties shall enter into an easement contract in writing.（人大版）

Article 373：To create <u>servitude</u>, the parties shall enter into a servitude contract in a written form.（法宝版）

Article 373：The parties concerned shall conclude a written contract of easement to create an easement.（秘塔版）

地役权是一种进入和利用他人所占有土地的非占有性权利，同时使占有人负有不得妨碍由地役权授权的这种利用行为（耿卓，2013）。中国实行的是社会主义市场经济体制，地役权作为土地使用权的一种形式，赋予土地使用人在土地上行使特定的权利和义务，体现了中国土地资源的集体管理和保护，以及土地使用人的权益和责任，在翻译时，需要充分把握其中内涵，正面、正确地向外传递我国的法律形象。人大版和秘塔版将其翻译为 easement，法宝版将其翻译为 servitude，虽然两者都是"地役权"的常见翻译，但侧重点有所不同。在英美法系中，地役权被分为普通法上的地役权（common law easement）和衡平法上的地役权（equitable servitude），虽然两者都是对他人土地实施的权利，但前者侧重地役权人对他人土地的使用或利用的权利，义务人因供役地所受之负担是允许他人使用或利用自己的土地，不得干预妨碍地役权人在其土地上行使地役权；后者侧重对他人土地所有权行使的一种限制权利，要么拘束土地所有人须以一定方法或目的使用、处分自己的土地，要么要求土地所有人不以一定方法或目的使用、处分自己的土地，其最终目的是以义务人在其土地上的作为或不作为给地役权人带来利益（马新彦，2000）。根据美国律师协会《美国财产法第三次重述：役权》（American Law Institute，2000）（下文简称《重述》）的相关表述，easement 创造了进入和使用他人拥有的土地的非占有权，并要求所有人不得干涉地役权授权的使用（creates a nonpossessory right to enter and use land in the possession of another and obligates the possessor not to interfere with the uses authorized by the easement），而 servitude 常见的申请是为道路、公用设施和管道提供通行权（frequent applications are to provide rights of way for roads, utilities, and pipelines），同时也广泛使用在土地开发中，以限制土地使用，并提供资助和管理公共区域和设施的手段（are also widely used in land development to restrict land use and provide the means to finance and manage common areas and facilities）。该《重述》还特别指出，servitude 也可用于创造选择权和优先购买权，并在希望获得利益或负担的情况下实施其他安排，只要该安排不违法或不违反公共政策。换句话说，servitude 强调土地上权利的限制性质和范围，而 easement 则强调土地上权利的行使。由于我国民法的终极目的是保障人权，从立法上对他人权利干涉过多，反而容易使个人自由得不到保障，不利于社会进步与发展。因此，采用 servitude 翻译不仅可以更好地表达出"地役权"的具体内涵，也可以表达出我国法律对个人权利保护积极的态度，构建积极正面的国家法律形象。

(三) 立意高度和语言风格上的区别

法律术语的译名要坚持专业性第一的原则（屈文生，2012），通过选择恰当的、符合法律意蕴的用语，避免使用口语、俚语或非正式的表达方式，清晰且简明扼要地传达出法律条款、原则和意图，展示国家的语言表达能力和文化自信，进而提升国家法律形象。我国的法律在人民心中一直以来都是庄严而神圣的形象，因此我国的法律语言也具有正式性和权威性的特点，在翻译过程中，译者需要充分把握好这些特点，才能传播并维护国家法律的崇高形象。

例 (5) 第三百二十一条 天然孳息，由所有权人取得；既有所有权人又有用益物权人的，由用益物权人取得。当事人另有约定的，按照其约定。

法定孳息，当事人有约定的，按照约定取得；没有约定或者约定不明确的，按照交易习惯取得。（原文）

Article 321: Unless otherwise agreed by the parties, the natural fruits of a thing shall be acquired by the owner of the thing, or by a usufructuary if there are both an owner and a usufructuary of the thing.

The legal proceeds of a thing shall be acquired as agreed by the parties if there is such an agreement, or, where there is no agreement or the agreement is unclear, in accordance with the course of dealing. （人大版）

Article 321: Natural fruits shall be obtained by the owner; if there are both the owner and the usufructuary, natural fruits shall be obtained by the usufructuary. If it is otherwise agreed upon by the parties, their agreement shall prevail.

Where the parties have agreed on legal fruits, the fruits shall be obtained as agreed upon; in the absence of such an agreement or if such an agreement is ambiguous, the fruits shall be obtained according to the usage of trade. （法宝版）

Article 321: The owner shall be entitled to natural fruits of the property. Where there are both an owner and a usufructuary right holder, the usufructuary right holder shall be entitled to the natural fruits of the property. Where the parties agree otherwise, their agreement shall prevail.

In the event of an agreement on statutory fruits, the parties concerned shall obtain statutory fruits in accordance with the agreement. Where there is no agreement or such agreement is unclear, statutory fruits shall be obtained in light of trading practices. （秘塔版）

例（6）第四百一十二条 ……抵押权人有权收取该抵押财产的天然孳息或者法定孳息，但是抵押权人未通知应当清偿法定孳息义务人的除外。

前款规定的孳息应当先充抵收取孳息的费用。（原文）

Article 412：…the mortgagee is entitled to collect the natural fruits or legal proceeds accrued from the mortgaged property as of the date of the seizure, unless the mortgagee fails to notify the person who is obligated to pay off the legal proceeds.

The fruits or proceeds as specified in the preceding paragraph shall first be applied to offset the expenses of collecting them. （人大版）

Article 412：…the mortgagee has the right to collect the natural or legal fruits accrued from the mortgaged property, except that the mortgagee fails to notify the obligor to pay off the legal fruits.

The fruits as mentioned in the preceding paragraph shall first be used to pay the expenses for collecting such fruits. （法宝版）

Article 412：…the mortgagee has the right to collect natural or statutory fruits of the mortgaged property as of the date of seizure, unless the mortgagee fails to notify the obligor for statutory fruits that it/he shall pay off statutory fruits.

The "fruits" as referred to in the preceding paragraph shall be firstly used for paying the expenses for collecting the fruits. （秘塔版）

孳息是指由原物所生的物或收益，换言之，是指民事主体通过合法途径而取得的物质利益，在民法中包括"天然孳息"和"法定孳息"。天然孳息是依自然方式而直接产生的出产物、收获物，其必须与原物分离，并独立成为一体（陆介雄，2004：83）。法定孳息是指原物因法律关系所产生的收益，与天然孳息相比，法定孳息的产生并非依据原物的自然属性或用法，而是基于法律的规定或当事人的约定（陆介雄，2004：84）。这两个术语的法律含义并不相同，甚至可以说差异较大，因此在翻译过程中，译者需要慎重处理好其中差异。人大版将其分别译为 natural fruits 和 legal proceeds，不仅与两种"孳息"一一对应，且清晰地指出了两者间的区别，能让国外读者感受到我国在立法层面上的专业和严谨。在第 321 条和第 412 条译文中，法宝版和秘塔版在翻译时忽略了这种区别，将"天然孳息"和"法定孳息"中的"孳息"都翻译为 fruits，容易造成译文含义含糊不清，让国外读者认为两者含义相近。需要指出的是，三种译本在"法定孳息"的"法定"翻译上，差异明显。人大版和法宝版都使用 legal 作前缀，而秘塔版则使用 statutory。legal 多指"法律的"，也时常指"合法的"，故使用 legal 作前缀，容易被误解为"合法孳息"。根据《布莱克法律词典》，statutory 是指：①与立法有关的；②立法创造的；③符合法律的（Garner，2009：1547）。从含义来看，它确实与"法定"形成对等关系，但从法理上来讲，"法定"主要是指法律（强制）规定的（law-provided），即依据法律的运作而产生相应的权利、义务（杨立新，2017；张治宇，2022：117）。如果以 by operation of law 作为后缀修饰，即"法定孳息"被译为 proceeds by operation of law，可能最能在字面上和法理上体现"法定"的含义（万立，2023）。最后，由于三个译本在词汇使用结构上的区别，也导致了不同译本在国家法律形象塑造上的差距。法律语言语体正式，含义精确，在翻译过程中宁可多次重复也不提倡省略，因为一旦省略就容易出现含义不明、指代不清的问题。在第 412 条译文中，法宝版的 natural or legal fruits 和秘塔版的 natural or statutory fruits，都省略了第一个 fruits，这种结构过于口语化，容易导致语义偏差，降低了语言的立法高度，进而无法体现出我国法律庄严神圣的形象。此外，法宝版和秘塔版在译文中多次使用 the fruits 指代前句中的"孳息"，并不能确定 the fruits 所指代的究竟为哪一种"孳息"，且又并未像人大版一样将"孳息"分译为 fruits 和 proceeds，容易造成译文含义模糊，晦涩难懂。人大版的翻译使用 the fruits or proceeds，清晰且简明扼要，因而相较于其他两个版本在立法高度和语言风格上更胜一筹。

三、法律术语翻译与国家法律形象建构的思考

法律术语是法律文本思想的纽带与关键表达，浓缩了特定法律文本的核心思想和精华，一定程度上体现了一国法律体系建设的深度和广度，因而最能反映和代表一国的法律形象。鉴于这种认知，在对外翻译中，法律术语的翻译必须精益求精，不容半点马虎。改革开放以来，中国社会日新月异，新思想、新观念层出不穷，反映社会变化的法律文本也在不断更新，特别是新时期以来，中国特色社会主义法治建设取得了长足发展，一大批新的法律法规应运而生，其中的术语高度浓缩和提炼了新时期我国法治建设的长足进展和重要成就，因此在中国法律文本对外翻译中，这些术语的翻译理应受到高度重视。以《民法典》为例，它是对我国现行的、制定于不同时期的民法通则、物权法、合同法、担保法等民事法律规范进行全面系统的编订纂修，也是新中国条文最多的一部法律，每个法条都对应具体的民生关切，构建起全方位的民事权利保护体系。[1] 在对其术语进行翻译的过程中，每一个细节都是构建我国法律形象不可或缺的一部分。从术语所依托的文化背景和所蕴含的法律精神，到词汇、句式和结构的规范运用，甚至到出版和包装方面的精心设计，都能为我国法律形象的塑造添砖加瓦，展示我国法治建设方面的成果和形象。因此，在法律术语翻译上，从概念、语符到交际层面的系统性、全面性考虑缺一不可。

首先，法律术语的翻译要凸显法律的概念内涵，深刻地表达其固有思想和当代价值。法律术语所承载的法律概念内涵受到国家法律制度的认可和制约，这些法律术语所传递的法律价值观，如公正、平等、法律面前人人平等，等等，体现了我国法治的核心要义，也反映了我国法律制度的原则、价值观和基本理念。通过传递这些概念内涵，可以让外国读者了解到我国法律体系的公正性和权威性，从而建构我国优秀的法律形象。换言之，如果一个法律术语的概念内涵被准确地传达，又符合国际法律标准和惯例，那么它就能够更好地促进与其他国家进行法律交流和合作，提升自身的法律形象。

其次，法律术语翻译要做到语符上的规范性，要具有一致性、系统性和

---

[1]《人民美好生活的法治保障——写在〈中华人民共和国民法典〉诞生之际》，载《人民日报》2020年5月31日，第1版。

完整性。法律术语是法律概念和原则的具体表达，反映了我国法律体系的特点和思维方式。缺乏一致性，读者就会对同一个术语有不同解读，不同的解读难以产生一个连贯和清晰的存在，在传播效果上就会大打折扣。系统性是为了照顾法律术语因语境的不同而可能产生的变异。因为语境不同而导致术语表达形式上的变异无论在原文中还是在译文中都有可能发生，如果译者能够敏锐地捕捉到这样动态和多维的信息，对翻译无疑是非常有利的。完整性是法律术语在翻译过程中需要按照术语来对待，不能随意变换或取舍，以避免误解和误读。

最后，法律术语翻译还要重视交际选择的层次性，具备一定的立意高度和语言风格。交际选择的层次性是指法律术语翻译要满足特定目的语读者的期待视野。译者要从读者的认知水平出发，从法言法语的美学层面寻找跨语际读者的期待，尊重他们的用语习惯。比如通过《民法典》的法律术语翻译，国外法学专家或比较法学者可以系统学习和研究我国的民法体系和风格，加深对我国民法立法意图的了解和认知，建立相应的交流与合作平台，推动法律理论和实践的共享与发展。这既可以进一步传播我国的法律文化，又可以提升我国在国际法律舞台上的地位和影响力，从而塑造我国法律的良好形象。

结　语

《民法典》的颁布是中国治理体系和治理能力现代化的又一标志性事件（周群峰，2020），它体现了我国"民为邦本、民意至上""仁、义、礼、智、信"等优秀的传统法治思想（龚茁，2022）。《民法典》物权编相关术语英译的对比分析，暴露了当前法律术语翻译在国家法律形象构建上的研究还未得到应有的重视。虽然三个译本基本上都能符合法律用语的规范要求，但在具体的国家法律形象塑造方面，三者之间依然存在一定的差距。人大版总体来说较为严谨，用词较为规范，但也有细微不足之处；法宝版基本沿袭了人大版的优势，在具体词语使用上有时更加严谨，但不足之处也较明显；秘塔版利用了大数据和人工智能的各种资源和成果，但稳定性较差，出现的问题较多。这也间接表明，在当前的大数据与人工智能时代，法律翻译仍然离不开高素质的法律翻译人才。结合对法律术语翻译与国家法律形象建构的思考，我们认为，法律术语的翻译需要不断打磨，在后续的润色过程中，需要综合考虑法律术语翻译在概念、语符、交际层次的要求，力争为新时期我国法律国际形象的提升作出新的贡献。

参考文献：

[1] Darner, Bryan A. *Black's Law Dictionary（Tenth Edition）*［M］. Dallas：Law Press, 2014.

[2] The American Law Institute. *Restatement of the Law, Third, Property（Servitudes）*［Z］. ST. Paul：American Law Institute Publishers, 2000.

[3] Xiao, Yongping. Comments on the Judgment on the Right of Abode by Hong Kong CFA［J］. *The American Journal of Comparative Law*, 2000（3）：471-479.

[4] 杜金榜. 法律语言学［M］. 上海外语教育出版社, 2004.

[5] 耿思远. 中国语境中"国家"的法律形象［D］. 吉林大学, 2022.

[6] 耿卓. 论美国法上的役权——以《美国财产法第三次重述：役权》为中心［J］. 求是学刊, 2013（2）：100-107.

[7] 龚茁. 我国《民法典》术语英译研究［J］. 中国科技术语, 2022（1）：73-79.

[8] 胡爱国. 民法教程［M］. 北京：中国政法大学出版社, 2021.

[9] 陆介雄. 实用民商法学新词典［M］. 长春：吉林人民出版社, 2004.

[10] 马新彦. 美国衡平法上的地役权研究［J］. 吉林大学社会科学学报, 2000（2）：43-48.

[11] 孟勤国. 民法典物权编［J］. 河北法学, 2021（4）：2.

[12] 屈文生. 中国法律术语对外翻译面临的问题与成因反思——兼谈近年来我国法律术语译名规范化问题［J］. 中国翻译, 2012（6）：68-75.

[13] 舒颖. "典"入人心 与法同行——民法典颁布三周年观察［J］. 中国人大, 2023（10）：17-18.

[14] 万立. 如何翻译 legal 及其近似词汇群［J］. 中国翻译, 2023（4）：127-134.

[15] 王利明. 论民法典物权编中居住权的若干问题［J］. 学术月刊, 2019, 51（7）：91-100+148.

[16] 杨立新. 民法分则物权编应当规定物权法定缓和原则［J］. 清华法学, 2017（2）：14-27.

[17] 张法连, 马彦峰.《民法典》英译中的文化自信［J］. 解放军外国语

学院学报，2022（1）：128-135+161.

［18］张法连．从《民法典》英译看法律翻译质量管控体系建构［J］．中国翻译，2021（5）：121-130.

［19］张治宇．面向整体政府的职权法定原则更新［J］．北方法学，2022（4）：115-124.

［20］赵军峰，薛杰．法律翻译的概念移植与对等阐释——《中华人民共和国民法典》物权编术语英译探究［J］．上海翻译，2022（1）：27-33.

［21］周群峰．民法典出台：参与者的传承与执着［J］．中国新闻周刊，2020（18）：3.

收稿日期：2023-09-04

作者信息：戴拥军，博士，安徽工业大学外国语学院教授，硕士生导师，研究方向为法律翻译、典籍翻译、术语翻译。电子邮箱：457084709@qq.com。

黄李坤，安徽工业大学外国语学院硕士研究生，研究方向为翻译理论与实践。电子邮箱：1677762785@qq.com。

A Study of the Construction of National Legal Image in Legal Term Translation：Examples from the English Translation of Terms in the Book of Real Right in *Civil Code*

DAI Yongjun, HUANG Likun

（Anhui University of Technology, Maanshan 243002, China）

Abstract：*Civil Code of the People's Republic of China*, China's first law named after the code, is an important part of the socialism legal system with Chinese characteristics. The Book of Real Rights is modified on the basis of the original *Property Law*, further strengthening the legal protection of real rights. These modifications virtually pose new challenges to the translation of the Civil Code. The terms in the Book of Real Rights, as an important component of the text, is the link and critical expression of the text's ideas. An in-depth study of the translation of terms in it can not only help Chinese legal culture better "go global", but also promote the active construction of China's national legal image. Taking the core terms in the Book of Real Rights as an example, from the three aspects, namely, legal spirit transmission, image construction focus, language style and intention height, this paper makes a comparative analysis of three English versions of *Civil Code*, aiming to explore the inter-relationship between the translation of legal terms and the construction of national legal image, hence provide reference for the translation of legal terms in the new era.

Keywords: Book of Real Right in *Civil Code*; Legal Term; Translation; National Legal Image; Construction

(责任编辑：陆贝旎)

法解释学视域下《中华人民共和国民法典》翻译策略探讨

付 瑶　陈志君

摘　要：法解释学建立在语言解释之上，与传统的翻译阐释论互为呼应。在这一理论视角下的《中华人民共和国民法典》（以下简称《民法典》）英译以科学研究之精神服务现实需求。以《民法典》第10条英译为例，具体策略选择纵向涉及翻译发起机构和译者两个主体，横向贯穿译前、译中和译后三个阶段。因而翻译策略可归纳为：平行文本对照及梳理，"译者注"助力法律评注，多语回译提升译文质效，"以人为本"合理运用翻译技术。

关键词：法解释学　《民法典》　翻译策略

引　言

法典翻译是法律翻译的一个重要分支，与法典编纂与传播、法律移植与继受，以及比较法研究关系密切。本文聚焦《民法典》英译，探讨法典译者从传统翻译到"为法学研究而译"的转型之路，对相关翻译策略进行归纳和应用。我国近代法典翻译显形于清末修律时期，主要是对当时西洋法治国立法的汉译，严重依赖在华外国专家顾问，本土法律翻译人才凤毛麟角。至南京国民政府时期，司法界精英普遍有留学欧美或者日本的学术背景，能够同时掌握几门外语并熟练使用者并不少见，他们翻译时对汉译材料的依赖减少。1930年《中华民国民法典》在很大程度上是迫于内政外交压力描摹西方的"理想作品"，忽视了本国民生现状与诉求。《民法典》作为新中国第一部法典，是建国之后历经5次法典编纂之艰辛的立法智慧结晶，亦实现了真正意义上"以法典为框架的回应型民法体系"（张生，2004：206）之构建。这部《民法典》以现代汉语书写，被誉为"社会生活的百科全书"，一经发布，就陆续出现官方和民间多个英译版本。此外，汉德双语对照和少数民族文字版《民法典》也随之面世。从法律移植的先导与附属，转变为以融通不同法律制度和文化为目的的话语体系构建，《民法典》受万众瞩目，其英译策略在此历史时间节点，已经与旧中国彼时以废除不平等条约和收回法权的官方期冀不可同日而语。法教义学视阈下的《民法典》英译兼具法典域外传播、法学研究和教育的多重使命，相关翻译策略选择亦当体现大国自信与译者历史担当。

一、法解释学与翻译学的渊源及互动

法解释学建立在法律语言解释之上，关注现行成文法律规范及适用问题，是法学的本体研究。其译名源自德文 Rechtsdogmatik（舒国滢，1995：353），亦多译为法教义学。从词源来说，"法解释学"作为狭义法学之代名词承袭着德国法学的诸多特色。我国台湾地区往往更多使用"法释义学"这一译名，而大陆学者更倾向于使用"法解释学"和"法阐释学"的说法。从"阐释"出发，法解释学与翻译阐释论一脉相承并且有融通潜势。两者均以对（立法）文本的"确信"或"信任"为前提，通过语言解释、阐释和释义的方法来解决实际问题。

（一）法解释学"信"之基础

无论是在大陆法系还是普通法系国家，法解释学的讨论起点都是对本国现行法律条文有效性和权威性的"确信"甚至信仰之基础上，离开这个基础，法解释学亦将偏离基本方向。从"信"之基础延伸，依赖法律解释的路径，法解释学意在对零散的法律进行体系化整合。翻译阐释论（hermeneutic approach to translation）通过哲学阐释学进路研究翻译，同样以对源语文本"信任"（trust）原则为起点。法解释学对现行法的"阐释"受制于立法者意图与法律文本，与译者同样是"带着镣铐跳舞"。

译者面对原文，首先要与之建立"信任"，非信任不可译。"信任"当然也隐含在翻译发起机构的选择机制之中，从选择单个文本进行翻译，直至形成体系化翻译机制，这是法律翻译发起机构及译者面临的法解释学语境下的分内之责。中国近代民法体系建构在法律移植和翻译之上，也一直在努力继受和消化大陆法系法典理性主义法治精神内核。诚如我国民法三杰之一的梅仲协先生（1998）所言："现行民法（指 1930 年的《中华民国民法典》），

采德国立法例者，十之六七，瑞士立法例者，十之三四，而法日苏联之成规，亦尝撷取一二……"（梅仲协，1998：1）。就《民法典》英译而言，文本权威性决定了译者和机构"信任"值的系数会更高，但也无形中增加了后续各翻译步骤的难度系数。

"信"即权威，信也是一切阐释行为的出发点和终结地。从符号学的角度出发，翻译可分为语际（interlingual）、语内（intralingual）和符际（inter-semiotic）三个维度（Jakobson，1959：232，239）。我国民法典英译和德译本，以及2021年在云南省陆续出版的少数民族文字版均为语际翻译。语内翻译主要指同一语言体系内使用不同语言符号的转化。例如，《民法典》颁布之后，法律职业共同体成员纷纷承担起"宣讲"和解读《民法典》的职责，《民法典》走进校园、走进社区、走进农村和偏远山区。律师、法官等司法工作者在普及《民法典》的过程中可能针对不同的人群，当然也要使用不同的语言。到小学生中间进行宣讲，要使用儿童易懂的浅显语言，而司法工作者到偏远地区宣讲《民法典》，就有必要使用这一地区的方言来解读《民法典》。这些都是法典语内翻译的例子。符际翻译是语言符号与非语言符号之间的转化。例如，西南政法大学"民法典百人宣讲团"在《民法典》颁布之后，特别针对聋哑人群开展《民法典》宣讲义务服务，特邀聋哑学校的手语老师进行现场翻译。另外，《民法典》宣讲和传播过程中利用宣传画及多种视频音频结合的方式呈现法典条文和内容也可以说是符际翻译外延的一个例子。

综上所述，法典翻译在语际、语内和符际三个维度之上都有成例，亦可以从法解释学的角度分别对应各种法律解释之实践行为。《民法典》英译定性为语际翻译，但其传播效果仍可经由语内和符际两个维度的广义翻译行为得到增强。

（二）从"为生产译文而译"到"为法学研究而译"

译者到底为何而译？这个看似简单的问题却没有简单的答案。法律译者往往处于"隐身"境地，职业伦理似乎更倾向于要求译者"自抑"（self-restraint）。在法解释学的视野内，法典译者身份特殊，机遇难得，可以发挥其在法学研究中的优势，服务法律职业共同体的现实需求。为达成此目标，翻译发起机构在宏观策略选择上需要统揽大局，译者（团队）在具体操作层面对其意图和策略进行实施。全国人民代表大会常务委员会法制工作委员会（以下简称全国人大常委会法工委）作为《民法典》英译官方发起机构确立了常设工作机构专门负责《民法典》的翻译审定工作。在其组织推动下，法律翻译专业团队与法律专家、高校法律翻译教师和涉外法律人士积极互动，所形成的合力恰好对应法解释学在法学研究和法学教育两个领域的功能。

宏观而论，《民法典》英译策略的选择涉及翻译发起机构和译者两个主体，横向贯穿译前、译中和译后三个阶段。微观层面的翻译策略以译者"为法学研究而译"为导向，将翻译技术融入整个翻译过程，归纳如下：

（1）多语种立法平行文本搜集、整理；注意现行有效法典与历史上各修订版本的区分。

德国、法国、瑞士和日本民法典与我国民法典编纂历史渊源最深，应重点参照；注意普通法国家形式性民法典与大陆法系国家实质性民法典的区分。

（2）探索编辑译者注版本的法典译文，借助"学案式"翻译和"深度翻译"（thick translation）理念，规范法典翻译的学术标准，亦可为法解释学维度下的法律评注贡献译者劳力和智慧。

（3）多语互译推敲验证。具体操作为可利用机译回译或再翻译的方法生成法条多语多个版本，互相比对，差别之处正是译者应该特别注意之处，往往也是译文中前后矛盾、词义不明、重复或者漏洞之处。

结合以上三个方面的翻译策略，笔者对《民法典》总则编第一章"基本规定"第10条（以下简称《民法典》第10条）的英译进行详细探讨，并以图表展示梳理《民法典》条文平行文本对照，并对条文源流问题有所触及：

《民法典》第10条规定："处理民事纠纷，应当依照法律；法律没有规定的，可以适用习惯，但是不得违背公序良俗。"作为极为重要的法源条款，此条文中"法律""习惯"以及"公序良俗"的解释备受法学学者及法律实务人士关注。特别是对"习惯"一词的讨论和争议此起彼伏。对于此类《民法典》中极其重要、属于基础法源性质的条款，在译前准备的阶段译者必然要参照相关民法典译文平行文本，不能贸然按照字面理解进行翻译。

从比较民法的角度来说，世界范围内与我国《民法典》第10条相关度较高的有《瑞士民法典》序言第1条，民法学者著述讨论提及也较多，其中英对照文本参考如下：

表1 《瑞士民法典》条文翻译

| 序言 A　法律的适用　第 1 条
1 任何法律问题，凡依本法文字或其解释有相应规定者，一律适用本法。
2 法律未规定者，法院得依习惯法，无习惯法时，得依其作为立法者所提出的规则，为裁判。
3 在前款情形下，法院应遵从公认的学理和惯例。 | Preamble A　Application of law　Article 1
1 The law applies according to its wording or interpretation to all legal questions for which it contains a provision.
2 In the absence of a provision, the court shall decide in accordance with customary law and, in the absence of customary law, in accordance with the rule that it would make as legislator.
In doing so, the court shall follow established doctrine and case law. |

戴永盛译《瑞士民法典》中认可的法源包括法律、习惯法、立法者提出的规则、公认的学理和惯例。（戴永盛，2016a：1）另外，在戴永盛译《奥地利民法典》法例第 10 条规定："习惯，仅在法律有规定时，使得考虑之。"（戴永盛，2016b：4）此处，德文原文"习惯"为 Gewohnheiten，是复数形式，与其同款并列的是其他法源类型，包括：州立法、法源判决、特权等。《韩国民法典》英译本第 1 条也有"习惯法"法源规定，法条官方英译为"If no provisions applicable to certain civil affairs exist in Acts, customary law shall apply, and if no applicable customary law exists, sound reasoning shall apply."（"如本法中没有适用于某些民事争议的规定，则应适用习惯法；如果没有适用的习惯法，则应适用合理的推理。"——笔者译）

我国《民法典》第 10 条英译目前关注度较高的三个国内版本见表 2：

表2 我国《民法典》第 10 条三个英译版本对比

Article 10 Civil disputes shall be resolved in accordance with law. Where the law does not specify, custom may be applied, provided that public order and good morals may not be offended.（全国人大常委会法工委版）
Article 10 A civil dispute shall be handled in accordance with the law. Where there is no provision in the law, the custom may be applied, but it shall not be contrary to public order and good customs.（北大法宝版）
Article 10 Civil disputes shall be dealt with in accordance with the law; where no relevant provision is prescribed by the law, customs may apply, without violation of the public order and good morals.（专业法律机译版）

通过以上平行文本"法源"相关条款的梳理以及不同版本译文对比，对于我国《民法典》第 10 条的释义及演变我们有了更清晰的认识，翻译中应

该注意：

（1）law 前宜加定冠词，即"the law"，特指"本《民法典》中的法律条文"；

（2）"习惯"在英文版中建议翻译为复数"customs"，比较符合法条原意；

（3）"习惯"为"事实上之习惯"或者"习惯法"我国暂无定论通说，宜采取模糊翻译，不宜借用 customary law 的狭义译文。

（4）"公序良俗"基本对应英文 public order and good morals，是为约定俗成之译法，应在法典译文全文中统一。

二、"译者注"翻译策略助推法律评注

关于《民法典》第 10 条的法源地位，有多位学者从法解释学和比较法视角出发专文论述，认为"习惯"应解释为"事实上的习惯"，而非"习惯法"。（刘智慧，2020：3；张志坡，2019：32）此条并非新创，而是来源于 2017 年《中华人民共和国民法总则》第 10 条。但根据国内权威法律评注，"习惯并非仅指事实上的惯行……本条中的'习惯'就是具有'习惯法'的含义。"（陈甦，2017：75）译者通过平行文本对照和法学文献梳理，可以考虑从客观上对此类释法争议提供译者角度的注释。谈及法典翻译的译者注，不能不提到以一己之力将 1900 年《德国民法典》直接从德文原文翻译成英文的王宠惠先生（1881—1958）。他的法典译著于 1907 年在伦敦出版，成为美国法学院一个世纪以来的经典教材（张生，2009：128）。王宠惠先生的英译本（*The German Civil Code: Translated and Annotated with a Historical Introduction and Appendices*）通过专业的译者脚注以及对德国法律史的简介和附录为当时英语世界了解和研习《德国民法典》提供了便利。其法典翻译实践亦可视为一种法解释学意义上的学术研究过程，译者的母语为中文，但德文和英语造诣极深，加上其留学美国和游学欧洲的法学背景，无疑成为民法典的"理想型译者"。

在法典正文之前的德国法律史简介文末脚注中，王宠惠先生也特别对 customary law（习惯法）的法源地位进行了确认："It may not be out of place to emphasize the fact—very often overlooked by foreign readers—that the Civil Code does not cover the whole field of German private law…, but that in each case it must be ascertained … (2) whether any Imperial customary law affects the particular subject; (3) whether, in the event of the subject being one which may be affected by State law, any local customary law relating thereto is in existence. These circumstances alone make it clear that the B. G. B. did not, either in intention or in effect, reduce the whole of German law into one compact mass. (Wang, 1907: xxv)"("我想这里应该强调一点很重要的提示,也是外国读者经常忽略的,那就是(德国)民法典本身并不代表德国私法的全部内容……在处理具体案件的时候必须进行确认……(2)争议本身是否适用本国境内习惯法;(3)如果具体案件适用相关州法进行裁决,那么是否有本州内相关习惯法相应存在。这些具体情形都很清楚地表明,《德国民法典》的编纂从立法目的和实际效果两个方面都没有减弱所有德国法律为一整体的效果。"——笔者译)

王宠惠先生的译者注可视为对我国《民法典》第10条中"习惯"之法律释义的一个遥远注解,是为译者在法解释学意义上之贡献。作为英译本的参考,中德法学团队联合推出的我国《民法典》汉德对照本处处可见正统法解释学的浸染。正文中均加入脚注,提示读者新旧法律规定异同,对修订或新增条款缘由给出诠释。译者主体性得到了充分发挥,目的是为了德文读者准确了解中国《民法典》条文与精髓,方便研究者以译者注为参照进行法律检索。以《民法典》第10条为例,德译本呈现如表3(为方便对照理解,笔者通过机译将德译条文再次翻译为英文,并将德文脚注译为中文一并列入表中):

表3 《民法典》第10条德文译文对比

| 第10条 处理民事纠纷,应当依照法律;法律没有规定的,可以适用习惯,但是不得违背公序良俗。 | § 10 [Rechtsquellen] Die Behandlung ziviler Streitigkeiten muss auf Grundlage des Gesetzes [erfolgen]; soweit das Gesetz keine Bestimmungen enthält, können Gebräuche angewandt werden, jedoch darf nichtder öffentlichen Ordnung [und] den guten Sitten[8] zuwidergehandelt werden.
【§ 10 [Sources of Law] Civil disputes must be handled on the basis of the law; if the law does not specify, customs may be applied, but public order [and] good morals[8] must not be contravened.】
7 Bei dem chinesischen Terminus "公序良俗" (hier übersetzt als "öffentliche Ordnung [und] gute Sitten") handelt es sich um einen einheitli-chen Begriff, bei dem offenbar die beiden Komponenten jeweils keinen eigenständigen Bedeutungsgehalt haben.
8 Siehe Fn. 7.
【7 中文的"公序良俗"(此处译为"öffentliche Ordnung [und] gute Sitten")是一个约定俗成的统一术语,组成这个词组的两个部分显然要合在一起理解。
8 见脚注7】 |

很明显，以上德汉对照译本深受德国法解释学的法律评注传统影响，在法条序号和正文中间加入［Rechtsquellen］（法源）标识，正文中亦有一处脚注8（指向脚注7内容），对"公序良俗"的译文进行解释说明。经过进一步分析归纳如下：

（1）《民法典》德译本的中德译者同样认可第10条确定为"法源条款"，并以特殊标识的形式将"法源"字样标注在条文序号之后明显处，这样的安排在此版本译文每个条款均有体现，是译者翻译策略使然。

（2）译者几乎在每个法条译文中都增加了脚注（前10条共8处），内容多为对法律术语译文及条款渊源的解释，亦有法律文化的释义考量（对"公序良俗"汉语约定俗成说法之翻译的解释）。但遗憾的是，译者没有对"习惯"这一关键法源概念进行释义。英译本译者注可考虑增加如下信息："在目前中国民法学界，关于'习惯'为'事实之习惯'还是'习惯法'这个问题仍存争议，尚未形成通说。"

论及法解释学的释法传统，最具特色的就是法律评注实践，甚至已经成为德国法学学术之文化风向，"以规范解释为中心、以法律适用为服务对象、信息集成性与时效性强构成了法律评注作为文献类型的独特性"（卜元石，2020：110）。本土法律评注在《民法典》颁布前后亦有实质进展，中国社会科学院法学研究所推出了全15册的《民法典评注》。南京大学法典评注研究中心也编写了评注写作指南，以期完善写作规范。法典译者应密切关注并为之助力。

但是，译者注与法律评注仍为两类差别甚巨的文献类型，编写方式、目的和规范不同，服务对象和读者受众各异。译者注是译者角度出发，伴随翻译过程产生的，有记录和注解翻译中难点和重点的功能，除了法解释学意义之上法学研究功能之外，也是对翻译过程进行研究的第一手实证资料。法典译文宜针对不同目标读者，提供不同版本精准有效的译文服务，例如，无译者注纯净译文版和译者注学术研究版。

三、翻译技术提高译文质量和翻译效率

随着机器翻译技术的迭代和普及，译者运用回译策略发现和解决翻译问题的时候可以考虑利用机器翻译提升效率，对多个版本的原文和译文进行比对，以期对译文进行修正和完善。表4为《民法典》第10条的四个版本英

译文以及通过机翻回译而得到的中文。

表 4　《民法典》第 10 条机翻回译

Article 10　Civil disputes shall be resolved in accordance with law. Where the law does not specify, custom may be applied, provided that <u>public order and good morals</u> may not be <u>offended</u>. （全国人大常委会法工委版）	第 10 条　民事纠纷应当依法解决。法律没有规定的，可以适用习惯，但不得<u>触犯公共秩序和善良风俗</u>。
Article 10　A civil dispute shall be handled in accordance with the law. Where there is no provision in the law, the custom may be applied, but it shall not be contrary to <u>public order and good customs</u>. （北大法宝版）	第 10 条　民事纠纷应当依法处理。法律没有规定的，可以适用习惯，但不得违背<u>公序良俗</u>。
Article 10　Civil disputes shall be dealt with in accordance with the law; where no relevant provision is prescribed by the law, customs may apply, <u>without</u> violation of the public order and good morals. （机翻 1）	第 10 条　民事纠纷应当依法处理；法律没有相关规定的，在不违反公序良俗的<u>前提下</u>，可以适用习惯。
§10［Sources of Law］Civil disputes <u>must be</u> handled on the basis of the law; if the law does not specify, customs may be applied, but public order ［and］ good morals[8] must not be contravened. （上文德文版再英译版本，机翻 2）	§10［法律渊源］民事纠纷必须依法处理；如果法律没有规定，可以适用习俗，但不得违反公共秩序和良好道德。

我们通过以上四个版本英译文的中文回译可以发现：

（1）全国人大常委会法工委版"不得违背"译为"may not be offended"（"不得触犯"），似有不妥，可改进；

（2）北大法宝版"公序良俗"译为"public order and good customs"，在回译中过关，但建议尊重接受约定俗成的译法（张法连，2016：104），即"public order and good morals"，同时也为了避免此处"customs（风俗）"与本条内另外表示"习惯"的"custom（s）"混淆；

（3）机翻 1 中"without…"与中文原文句法有所出入，可改进；

（4）机翻 2 中"must be"作为情态动词所表程度与原文有出入，可改进。

综合以上因素，笔者建议《民法典》第 10 条的译文可参考如下中英对照译者注版：

表 5 《民法典》第 10 条参考译文（译者注版）

第十条 处理民事纠纷，应当依照法律；法律没有规定的，可以适用习惯，但是不得违背公序良俗。	Article 10 [Source of Law] A civil dispute shall be handled in accordance with the law. Where there is no such applicable provision in the law, the customs * may be applied, but public order and good morals shall not be contravened. * There are still controversies about how to interpret "customs" in this provision within China's judicial circle as to the question whether "customs" means "de facto customs" or "customary law", and no generally accepted theory has been formed yet.

需要指出的是，以上译者注版英译条文仅仅是作为本文所提出翻译策略的一个成例解说，并非针对以上或其他任何民法典英译本的修订版本，且此译文本身并非无懈可击。通过对以上翻译策略的分析及应用，我们也从侧面看到翻译技术已经能够融入翻译的每个步骤。除了面向普通用户的机器翻译之外，计算机辅助翻译软件主要针对专业译员而开发。译者可以通过机辅翻译软件中强大的记忆库和术语库功能，辅助平行文本查阅和译者注的编写，因为篇幅所限，本文不再展开。但需要强调的是，"法律翻译的机器翻译技术应用必须依托法律翻译专家、学者以及法律实务工作者的智慧与能力"（张法连，2020：58）。

结　语

中国具有长久的法典编纂传统。但是现代意义上的《民法典》编纂特别是外译（包括少数民族语言文字译本）仍在摸索中前行，亟需方法论和具体操作规范的指导。法解释学历史悠久，是传统法学的思想内核，也经受了时间的考验，贯穿法学研究、司法适用和法学教育各个领域。虽然至今对其概念、适用和价值仍存争议，甚至引发论战，但概念的复杂并不能掩盖法解释学之"道统"地位，亦不妨碍其作为《民法典》英译理论指导及其现实路径选择参照的科学性。在法解释学视阈下的《民法典》英译努力及译文本身并不具有终极目的与价值。任何专业性和学术性翻译的价值更多是在为后继者和专业领域研究者减轻翻译带来的额外负担，也可以说是"为他人做嫁衣"。法典译者之"法学研究"转型带来的实际效果必将惠及更多的法学研究者及法学研究自身。本文无意对目前《民法典》的各种英译本进行评价，因为任何一个已经可见的版本背后都有发布机构和译者（团队）的艰辛付出与专业考量，是一系列翻译策略作用后的结果。伴随我国《民法典》的颁布、适用与未来可能的修订，法典英译也必然是一个动态过程，相关的策略探讨不会停滞，只会更加科学、理性和深入。《民法典》译者"为法学研究而译"的转型之路必然充满挑战，并肩负对本土固有和继受法学知识的梳理、释义与传播重任，未来可期。

参考文献：

[1] Jakobson R. On Linguistic Aspects of Translation [J]. Achilles Fang, et al. *On Translation*. Cambridge, Mass：Harvard University Press, 1959：232-239.

[2] Wang C. H. *The German Civil Code* [M]. London：Stevens and Sons, Ltd., 1907.

[3] 卜元石．德国法律评注文化的特点与成因[J]．南京大学学报．2020（4）：110-125+160-161.

[4] 陈甦．民法总则评注（上册）[M]．北京：法律出版社，2017.

[5] 戴永盛．瑞士民法典[M]．北京：中国政法大学出版社，2016.

[6] 戴永盛．奥地利普通民法典[M]．北京：中国政法大学出版社，2016.

[7] 刘智慧．《民法典》第10条中"习惯"的界定——以我国台湾地区为参照的比较分析[J]．海峡法学，2020（4）：3-8.

[8] 梅仲协．民法要义[M]．北京：中国政法大学出版社，1998.

[9] 舒国滢．战后德国法哲学的发展路向[J]．比较法研究，1995（4）：337-355.

[10] 张法连．英美法律术语汉译策略探究[J]．中国翻译，2016（2）：100-104.

[11] 张法连．法律翻译中的机器翻译技术刍议[J]．外语电化教学，2020（1）：53-58+8.

[12] 张生．中国近代民法法典化研究——1901至1949[M]．北京：中国政法大学出版社，2004.

[13] 张生．王宠惠与中国法律近代化———一个知识社会学的分析[J]．比较法研究，2009（3）：123-138.

[14] 张志坡．民法法源与法学方法——《民法总则》第10条的法教义学分析[J]．法治研究，2019（2）：32-42.

收稿日期：2023-10-07

作者信息：付瑶，法学博士，中国政法大学外国语学院副教授，研究方向为法律翻译、英美法、比较法。电子邮箱：yaof@ cupl. edu. cn。

陈志君，中国政法大学光明新闻传播学院博士研究生，研究方向为法治传播、法治外交、法治语言等。电子邮箱：68430499@ 163. com。

On Strategies of Translating *Civil Code of the People's Republic of China* from Perspective of Legal Dogmatics

FU Yao, CHEN Zhijun

(China University of Political Science and Law, Beijing 100088, China)

Abstract: Legal hermeneutics, also known as legal doctrine or legal hermeneutics, is established on the basis of language interpretation, and echoes traditional translation hermeneutics. From this perspective, the English translation of *Civil Code of the People's Republic of China* (hereinafter abbreviated as *Civil Code*) serves practical needs with the spirit of scientific research. Taking the English translation of Article 10 of the *Civil Code* as an example, the specific strategy selection linearly involves the translation initiator and translator, and laterally runs through the three stages of pretranslation, translation, and post translation. It can be summarized as: Parallel text's comparison and sorting; "Translator's note" assists legal commentary; Multilingual retranslation enhances the quality and effectiveness of the translation; Reasonably apply translation techniques based on people-oriented approach.

Keywords: Legal Dogmatics; *Civil Code*; Translation Strategies

（责任编辑：王琳）

plea bargaining 及同族词之误译与误用探究*

刘国庆 吴泽宏

摘 要：plea bargaining 为英美刑事诉讼法专业术语，英美学界或从过程向度或从结果向度予以阐释：从过程向度诠释，等同于 plea negotiation，可译为"认罪协商"；从结果向度诠释，等同于 plea agreement，可译为"认罪答辩协议"。尚存在同族词：cop a plea，可译为"避重就轻地认罪"；plea-bargain，可译为"达成认罪答辩协议"；plea bargain，可译为"认罪答辩协议"。我国学界对于上述专业术语的翻译及适用仍存在不足，应谨防因望文生义、一词多义和形似而神异导致的误译误用。

关键词：认罪协商 避重就轻地认罪 达成认罪协议 知识谱系

引 言

plea bargaining 为英美刑事诉讼中一项重要制度，二十世纪八九十年代以来，一直为我国刑事诉讼法学界研究的富矿区，对其的研究取得了丰富成果。学界多从其生成背景、运行机制以及对我国借鉴意义等视角展开研究，迄今为止鲜少有人从翻译学视角深入系统地探讨。而学界对于该词及其同族词的误译及误用较为常见，实有必要就此开展研究，追根溯源以厘清误区。

一、其他国家及地区考察

（一）plea bargaining 释义考察

心理学术语 dimension 一词，张春兴（1992：195）编著的《张氏心理学辞典》将其译为"向度"，并释义，"狭义是指物理空间中的长、宽、高三个

---

* 本文系韩山师范学院专项人才培养计划项目"卓越应用型法律人才培养（律师）实验班"（HSZXRC21304）研究成果。

向度；广义是指某一事项的连续性特征，如颜色中的亮度、色调与饱和度三者，称为颜色的三个向度。向度的广义概念目前在心理学上被广泛采用，用以解释某种复杂行为的内涵"。在英美法中，plea bargaining 是一项复杂制度，具有丰富内涵，不妨借用"向度"予以考察，具体可分为"过程向度"和"结果向度"，前者侧重于制度运行过程考察，而后者侧重于制度运行结果考察。

基于以上解释视角，可以发现，英美学者多从过程向度来诠释 plea bargaining，主张它是一个控辩双方就某些问题协商谈判的过程。如 Steven H. Gifis（2016：408）主编的《巴朗法律词典》中将该词释义为"一种程序过程，被告人同检察官协商，以期就案件获得双赢的满意处置。控方同被告人达成协议以处理刑事指控，此为实践司法正义关键，倘若实施得当，应予鼓励……"。Dean J. Champion（2001：102-103）主编的《美国刑事司法词典：关键术语与主要法庭判例》将该词释义为"定罪前，被告人同检察官间的协商过程，其中被告人认罪，以换取减少指控、量刑宽宥的承诺，或其他方面让步等。包括默示的认罪协商、减少指控的协商、量刑优待的协商及司法上的协商"。L. B. Curzon 和 Paul H. Richards（2007：442-443）主编的《朗文法律词典》将该词释义为"一种非正式的诉讼程序，通常发生于检察官或法官会议室内，被告人可能认罪，作为交换，检察官撤销其余指控或在量刑上做出让步。关于认罪及量刑的讨论，一般应公开进行，包括检察官对于认罪的接受及量刑协商，仅少数较为特殊情形在会议室进行……"。基于以上解释，plea bargaining 可译为"认罪协商"。这也是我国台湾地区学界普遍做法，如朱石炎（2020：647）所著的《刑事诉讼法论》一书将 plea bargaining 译为"认罪协商"，等同于 plea negotiation；王兆鹏（2007：764）所著的《美国刑事诉讼法》一书亦将 plea bargaining 译为"认罪协商制度"。

当然，英美学者也有从结果向度来诠释的，他们主张 plea bargaining 为控辩双方达成的协议。如 Jonathan Law（2018：506）主编的《牛津法律词典》将其释义为"在刑事程序中，检察官同作出认罪的被告人达成的协议，检察官提供某些回报，如撤销对某些重罪的指控"。还有学者主张 plea bargaining 即"控辩双方通过协议解决处理案件的方式……此乃实践司法正义之重要元素……plea agreement 就其本质而言乃一份契约协议"（John N. Ferico，2009：80）。如果基于以上解释，则可将 plea bargaining 译为"认罪答辩协议"。

(二) 同族词关系考察

在英美刑事诉讼法中还存在一些 plea bargaining 的同族词，主要为 plea bargain、plea agreement 及 plea negotiation 等，它们虽然面相类似，但其实内涵及用法可能相去甚远，有必要展开考察。

1. plea bargain

James E. Clapp（2000：330）主编的《兰登法律词典》将 plea bargain 释义为"检察官同被告人之间的一种协商协议（negotiated agreement），被告人至少就其中一种指控认罪，以换取检察官某些让步。这种让步通常包括撤销某些特定指控，尤其是最为严重的指控，以及同意作出特别量刑建议"。Bryan A. Garner（2019：1394）主编的第十一版《布莱克法律词典》将其释义为"被告人同检察官达成的协商协议，被告人就较低指控罪行或诸多指控罪行中的一项指控认罪，作为回报，检察官做出一些让步，通常量刑上给予恩惠或撤销其余指控"。Stephen. M. Sheppard（2011：812）主编的《布维尔法律词典》将其等同于 plea deal 或 plea agreement，并释义为"此乃协商协议，本质而言乃控辩双方达成的一份契约，检察官在案件中提出被告人可能负法律责任之诸多指控，被告人就特定指控做出认罪答辩以避免较为严重指控，或做出认罪答辩，希望获取特定量刑而避免接受审判遭受严厉刑罚。然而，此等认罪协议对法官并无约束力，除非法庭接受并作为裁判依据。法庭可以予以拒绝，要求正式庭审。认罪协议在美国大多数司法区乃常态"。由此可见，plea bargain 为控辩双方协商达成的积极结果，也可译为"认罪答辩协议"。

但如果从过程向度来理解，那么 plea bargain 与 plea bargaining 在使用上是有区别的。比如 Jame R. Acker 和 David C. Brody（2004：482）所著的《当代刑事诉讼程序》一书将 plea bargain 释义为"一种契约合同，一旦达成便具有可执行性……在就认罪答辩协议（plea bargain）条款达成正式且合意之前，双方均可自由地撤回作为认罪答辩协商的部分，即先前做出的各种要约"。同时，将 plea bargaining 释义为"一种案件处理程序，其中被告人放弃庭审权利，通过作出认罪答辩，以换取指控罪名（或罪数）上的减少或量刑上的宽宥待遇"（Jame R. Acker & David C. Brody, 2004：496）。Linda Picard Wood（2016：362）主编的《韦氏法律词典》将 plea bargain 等同于 plea agreement，释义为"控辩双方认罪协商（plea bargaining）中就一些争议事项达成的协议"。Paul Marcus 和 Melanie（2016：171）主编的《刑事程序》也将二者区别使用,将 plea bargaining 视为控辩双方之间的一种协商程序,而将 plea bargain 视为认罪协商之积极结果。"吉尔伯特法律概要"系列丛书之《袖珍法律词典》对 plea bargaining 予以释义,并点明了其与 plea bargain 的关系:"一种程序,被告人同检察官就案件处置获得互赢结果而协商。通常涉及被告人就较低指控罪行或就起诉状中诸多指控罪状中的某些认罪,作为回报,予以较低量刑。最终认罪答辩协议(plea bargain)需得到法官认同"(Gilbert Law Summaries,1997:246),也就是说,plea bargaining 是一种在被告人认罪前提下就若干相关事项协商的过程,而 plea bargain 仅为认罪协商过程中可能出现的积极效果,即达成协议而已。

2. plea agreement 和 plea negotiation

plea agreement、plea negotiation 同 plea bargaining 的关系视 plea bargaining 的诠释向度不同而有所区别。如果从过程向度来诠释,则 plea bargaining 等同于 plea negotiation,那么二者均可译为"认罪协商"。如《美国刑事司法制度词典》从过程向度来诠释 plea bargaining,将其等同于 plea negotiating 或 plea negotiation(Dean J. Champion,2001:102-103)。但在这种情况下,plea bargaining 和 plea agreement 却不能等同,因为后者仅是前者的可能结果之一,正如 Douglas W. Maynard(1984:25)在《认罪协商制度运行内幕透视:协商之语言》一书中指出的,认罪协商(plea bargaining)是一种程序,指控与(或)量刑上的让步可因被告人认罪而发生,但是在实际的协商中更多的事情可能发生。协商具有多样性及次序性,一方呈现一种观点建议,另一方予以回应。协商次序性使得认罪协商的过程及结果呈现出大体如下三种面向:或一拍即合达成共识;或就协商谈判条件再折中妥协而达成共识;或不欢而散。《韦氏法律词典》也从过程向度来诠释"plea bargaining",指出其为"控辩双方协商,被告人对于较低罪行或多重指控中之某个或数个认罪,希望通过协商获得更为宽宥的量刑处置,或撤销其余指控等优待";同时将 plea agreement 释义为"控辩双方经过认罪协商(plea bargaining)达成的协议"(Linda Picard Wood,2016:363),可见两者并不等同。

但是,如果从结果向度来诠释 plea bargaining,即如果将其理解为"认罪答辩协议",那么 plea bargaining 则可以等同于 plea agreement,反而同 plea negotiation 并无必然关联。因为这时,plea bargaining 仅为 plea negotiation 可能的积极结果之一。

3. plea-bargain

首先，在英美法中 plea bargain 与 plea-bargain 并非同一概念，前者是名词，而后者是动词。Bryan A. Garner（2011：681）主编的《牛津现代法律用语词典》对两者进行了明确的区分，将 plea bargain 释义为"在刑事案件中，被告人同检察官达成的协议，允许被告人认罪或提供不利于他人之证言，以此换取减少指控或检察官其他方面的让步"，而将 plea-bargain 释义为"to make a plea bargain"，可以理解为"达成认罪答辩协议"。

Stephen J. Perrault（2017：1237）主编的《韦氏高级英文词典》就 plea bargaining，plea bargain 及 plea-bargain 进行诠释及使用做出规定，其中将 plea bargaining 释义为"一种程序，允许被告人就较低罪行认罪，以便给予其量刑上的宽宥"；在解释 plea bargain 时举如下例句："She could confess and grant a plea bargain（她将自白认罪且同意接受认罪答辩协议）""He refused to accept a plea bargain（他拒绝接受认罪答辩协议）"；而在解释 plea-bargain 时举如下例句："He plea-bargained to avoid spending time in jail（他达成认罪答辩协议以避免牢狱之灾）"。

Ian Brookes（2014：1522）主编的《柯林斯英文词典》也对 plea bargaining 与 plea-bargain 分别释义，将前者释义为"检察官同被告人达成的协议，被告人就较低指控罪行认罪，以换取检察官撤销更为严重的指控"；将后者释义为"检察官同被告人达成协议，被告人就较轻罪行认罪，作为回报，检察官撤销部分指控"。可见，无论从哪个向度来诠释"plea bargaining"，均与"plea-bargain"迥然有别，二者不可等同。

4. cop a plea

《韦氏高级英文词典》将 cop a plea 解释为"就被指控诸多罪行中较低罪行认罪"（Stephen J. Perrault，2017：363）。第十一版《布莱克法律词典》中该词释义为"被告人就较低指控罪行认罪，以此作为手段避免在正式庭审中受到更为严厉的指控"（Bryan A. Garner，2019：358）。William Morris（1980：1049）主编的《美国传统英语词典》中对该词亦作出同等释义，"被告人就较轻指控罪行认罪，避免正式庭审可能受到更为严厉的处罚。"梁实秋（1977：452）主编的《远东英汉大辞典》将该词译为"认罪（尤指如认罪可减轻刑罚时）"。周雅荣（2016：111）《美国法律辞典》也将该词译为"避重就轻地认罪"。上述诠释及译法比较精准，本文亦建议译为"避重就轻地认罪"。"避重就轻地认罪"是 plea bargaining（认罪协商）程序中的前提基础性环节，被告人就较轻指控罪行认罪，以此换取检察官以较低罪名起诉，检察官撤销部分重罪指控，或建议法院施加较轻量刑。

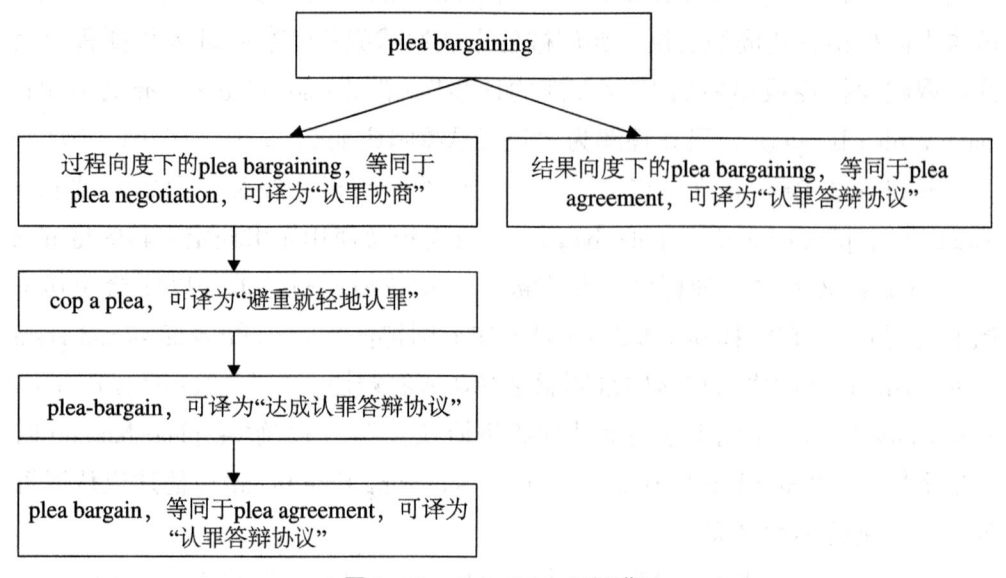

基于以上考察，可以绘制如下 plea bargaining 知识谱系图。

```
                        plea bargaining
                       ↙              ↘
过程向度下的plea bargaining，          结果向度下的plea bargaining，等同于plea
等同于plea negotiation，              agreement，可译为"认罪答辩协议"
可译为"认罪协商"
        ↓
cop a plea，可译为"避重就轻地认罪"
        ↓
plea-bargain，可译为"达成认罪答辩协议"
        ↓
plea bargain，等同于plea agreement，可译为
         "认罪答辩协议"
```

图 1　plea bargaining 知识谱系

二、本土审视

（一）plea bargaining 译法审视

我国主流英汉法律词典对于 plea bargaining 的诠释向度有三，即"过程向度""结果向度"及"过程结果综合向度"。在过程向度下，一般将其诠释为控辩双方就某些问题进行的协商过程，如薛波（2017：1057）主编的《元照英美法词典》将其释义为"在刑事诉讼中，检察官与被告人进行谈判，说服被告人作有罪答辩，以换取检察官的指控或法院判决上的让步……"在结果向度下，一般将其诠释为"一种控辩双方达成的协议"，如 1985 年版《英汉法律词典》中该词的释义为"经法庭批准，被告人为了避免受到较重的处罚与控诉人达成的认罪求情协议"（《英汉法律词典》编写组，1985：626）。而综合向度下的释义如夏登峻（2021：952）主编的《英汉法律词典》："诉辩交易，诉辩磋商（经法庭批准，被告为了避免受到较重的处罚与检控方达成的认罪求情协议），控辩交易（一套独特的程度，借以确定刑事

诉讼被告有罪或无罪，并确定对犯罪者适用的刑罚）。"

目前我国学界的译法大多集中于"辩诉交易"或类似表达，但也有学者对此存有质疑。比如，有学者指出不应突出"辩诉"，因为使用"辩诉"一词使人感觉仅为控辩双方的事务，与社会公众无涉；使用"交易"一词也是不当的，尽管现代市场经济中的交易行为遍及社会各个领域及层面，但在公权与私权发生关系之时，"交易"一词易引发公众联想，甚至与司法腐败等产生联想（张智辉，2008：544）。也有学者认为 plea bargaining 中的 plea 是被告人对检察官之指控作有罪答辩，即 plea guilty。根据具体词语具体理解原则，此处的 plea 应译为认罪；而 bargaining 内涵 negotiate, discussion 和 deal 三层含义，应译为"谈判"或"讨论"，它仅为一个过程（process），未必有结果，因此不宜译为"协议"。"谈判"的核心有二，即一方如何认罪，另一方如何处置，包括所指控的罪名量刑及刑之具体执行，因此可以将其理解为"关于被告人如何认罪与司法当局如何处置的谈判"（陈忠诚，2003：106）。

部分学者提出 plea bargaining 适宜译为"认罪协商"。如王文（1998）指出，plea bargaining 按照字面意思来解释应作"答辩协商"，由检察官与被告人就其所涉案件进行协商，彼此作出相应妥协让步，以期达成彼此满意的协议，因此"辩诉交易"称为"认罪协商"较为实际。张法连（2009：51）则从法律翻译的文化因素视角出发，指出 plea bargaining 实质上并不能理解为一种交易，尤其是在美国的 plea bargaining 制度下，这是一种公诉方和被告人的私下协商，"被告人认罪伏法，检察官则相应地减少指控罪名、降低指控犯罪的幅度或向法院提出对被告人减轻刑罚的建议"，而非"被告的抗辩交易"，因而"译为'认罪协商'更直接、更准确"。

上述质疑不无道理，译为"辩诉交易"或"抗辩交易"同英美法律文化存在抵牾之处，且在国内的本土文化接受度不足，也易损及司法的公正性。这种译法有失周全，没有彰显出此项制度特征，翻译忠实性不足。在择词释义方面，本文赞同上述学者的观点，即应恪守具体词语具体理解的原则，在诸多选项中择取最贴切达意的。此外，如果译为"辩诉交易"突出 deal 之意，导致无法彰显其法律之意（legal meaning），而只译出了其通常之意（ordinary meaning），有失作为法律术语的专业性。Diana Lea（2021：86-87）所编著的《牛津学术英语词典》将 bargain（verb）直接等同于 negotiate，将 bargaining（noun）直接等同于 negotiation。可见，bargaining 所含 negotiation（协商）之意备受关注。因此，在 plea bargaining 中，将 bargaining 诠释为 negotiation 较为妥切，契合此项制度运行机理，即重视双方协商互动交流功能。简单将其译为"辩诉交易"或类似表达，难免抹杀该词原本在英美法中泾渭分明的二向度诠释路径，这也是造成 plea bargaining 及其同族词在我国学界误用甚多的缘由之一。译为"认罪协商"亦能彰显制度的文化性，毕竟 plea bargaining 属于协商性司法（negotiated justice），协商性司法强调抗辩双方的平等参与，彼此沟通协调，达成共识，实现共赢。

（二）同族词译法及适用审视

如前所述，英美刑事诉讼法术语 plea bargaining 存在同族词，主要为 plea bargain，plea-bargain 及 cop a plea 等，目前国内学界也存在对其误译与误用的问题。

1. plea bargain 相关误译误用问题

我国学界对于 plea bargain 译法不一，并存在与 plea bargaining 混同使用的情况，主要如下。

（1）译法不统一

①译为"认罪协商"。如杜仓宇（2018）曾在《精确性视角浅析两岸三地对法律术语 Plea Bargain 的翻译》一文中主张将 plea bargain 译为"认罪协商"，并援引我国台湾地区学者的译法亦将 plea bargain 译为"认罪协商"，以支撑其观点，但该学者使用的实为 plea bargaining 而非 plea bargain。陈纪安（2002：84）在《美国法律》一书中也将 plea bargain 译为"认罪协商"，但在另一著作《别怕，我不是教科书：最生动的 12 堂美国法律课》（《美国法律》更新版）中，却将原来此部分的 plea bargain 替换为 plea bargaining，但同样译为"认罪协商"（陈纪安，2009：65）。

②译为"辩诉交易或控辩交易"。如屈文生等（2007：376）编著的《法律英语核心术语：实务基础》一书将 plea bargaining 译为"控辩交易"，并且释义为：在刑事诉讼中，检察官同被告人进行谈判，说服被告人作出有罪答辩，以换取检察官的指控或法院判决上的让步，或承认控方 multiple charges（多项指控）中的一项罪行，检察官可以对被告人降格指控，或撤回对其他罪项指控，或建议法庭对被告人减轻处罚。检察官同被告人达成协议，并经法官批准后即可执行。但在列举事例"Prior to the commencement of a trial, the accused may enter into a deal with the prosecution to plea guilty to a lesser offense than he was originally charged with a plea bargain"中却将 plea bargain 同样译为"控辩交易"："在审判开始之前，被告人可以与公诉方达成协议，承认犯有

比指控罪名要轻的罪行，即为控辩交易"（屈文生等，2007：556）。此种译法值得商榷，商榷之处主要在于将 plea bargaining 及 plea bargain 都译为"控辩交易"不能体现二者差异。

③译为"认罪或答辩讨价还价"。如在陈光中（2003：241）主编的《辩诉交易在中国》一书中，就有学者提出"plea 的意思是'答辩'，bargain 意思为'讨价还价'，两个词合起来变成一个词组，其意为'围绕答辩而进行的讨价还价'。此种讨价还价通常在检察官与辩护律师之间进行"。李义冠（1999：65）所著的《美国刑事审判制度》一书则将 plea bargain 译为"认罪讨价还价"，并释义为"检察官和被告人之间进行的一种谈判。就像做生意的双方讨价还价一样，检察官提出一个条件，被告人可以提出另一个条件，双方你来我往，各谈自己的优势，就像买卖人推销自己的产品一样……"。plea bargain 被视为行话，属于专业性词汇范畴（陶博、龚柏华，2004：20），而上述译法仅是简单的罗列组合，没有体现出专业术语的意蕴，似有望文生义之嫌。

(2) 将 plea bargain 与 plea bargaining 等同

各类法律英语教科书或专著中不乏此类问题。如屈文生等（2008：576）编著的《法律英语核心术语：实务高阶》一书将 plea bargaining 译为"诉辩交易"，并引用第七版《布莱克法律词典》将 plea bargaining 释义为"控方与刑事被告人一方达成的协议，以检察官降格指控或减少指控罪数为条件，被告人认罪，通常的结果是指控强度得以降低或其他指控得以消除"。但从第七版《布莱克法律词典》的原文来看，其中使用的实为 plea bargain，而非 plea bargaining，并且对于 plea bargain 的英文释义为 "a negotiated agreement between a prosecutor and a criminal defendant whereby the defendant pleads guilty to a lesser offense or to one of multiple charges in exchange for some concession by the prosecutor. usu. a more lenient sentence or a dismissal of the other charges. (also termed plea agreement; negotiated plea)"（Bryan A. Garner，1999：1173）。基于以上原文原意，第七版《布莱克法律词典》对于 plea bargain 的释义应为"'plea bargain'乃控辩当事人之间达成的协议，以被告人就较轻指控罪行或诸多指控之一做出认罪答辩为前提条件，作为回报，检察官予以某种妥协让步。通常为建议更为宽宥的量刑或撤销（撤回）其余指控。"（薛波，2017：421）同书还就 plea bargaining 的适用举例："plea bargaining is a form of negotiation between a person charged with an offence and crown prosecutor."（屈文生等，2008：577），并译为"控辩交易是指在刑事被告人与国家检察官之间

达成的一种协议"（屈文生等，2008：732）可见是从过程向度来诠释 plea bargaining，将其视为一种 negotiation，即协商过程，显然译为"认罪协商"更为贴切。而该书的译法，实则是对 plea bargain 之诠释，前后矛盾是因为译者将二者错误等同。

李荣甫、宋雷（1999：87）主编的《法律英语教程》中也出现了同样的情况，将"plea bargain 和 plea bargaining"等同使用且引用第五版《布莱克法律词典》的释义，即"plea bargain or plea bargaining…The process whereby the accused and the prosecutor in a criminal case work out a mutually satisfactory disposition of the case subject to court approval"，并将此段原文译为"关于被告的抗辩交易：（美）在刑事案件中，检察官和被告经法院批准作出相互满意的案件处理。（一般是被告认罪以求得从轻判决）"。但第五版《布莱克法律词典》使用的术语为 plea bargaining 而非 plea bargain，上述释义为第五版《布莱克法律词典》对 plea bargaining 的诠释，而非 plea bargain（Joseph R. Nolan & M. J. Connolly，1979：1037）。

2. 将 cop a plea 与 plea bargaining 等同使用的问题

具体可分为以下两种情况。

（1）单一向度下的等同。该情况又分为如下两种情形，其一是过程向度下的等同。如有学者曾指出"辩诉交易是指庭前由被告人作承认犯罪，不作辩护也不作有罪答辩，控方降低指控强度（或将重罪名变成轻罪名，或减少指控罪数或建议法官从轻处罚），经过双方协商讨价还价之后达成一致协议并提交法庭审议的程序……在英文里，表达辩诉交易的语词主要有：plea bargaining, plea negotiation, plea copping, cop a plea。尽管使用的名称不同，但却指的内容都是同一回事"（孙本鹏，1996：61-65）。从过程向度诠释 plea bargaining，则可以将其等同于 plea negotiation。但将 cop a plea 译为"辩诉交易"，又将其等同于过程向度下的 plea bargaining 则不妥。如前所述 cop a plea（避重就轻地认罪）是开启 plea bargaining（认罪协商）的前提与基础。

其二是结果向度下的等同。如金光明（1988：445）主编的《英汉法学大辞典》将 plea bargaining 释义为"经法庭批准，被告为了避免受到较重的处罚与控诉人达成的认罪求情协议，同 cop a plea"。这是从结果向度来诠释 plea bargaining，且将其等同于 cop a plea，但二者并不具备可比较性，后者仅为过程向度下 plea bargaining 一个前提基础性条件，同结果向度下的 plea bargaining 并无关联。

（2）二重向度下的等同。如夏登峻（2021：295）主编的《英汉法律词典》将 cop a plea 译为"避重就轻的认罪（企图达到减刑）"，同时从结果向度及过程向度来诠释 plea bargaining，即"诉辩交易，诉辩磋商（经法庭批准，被告为了避免受到较重的处罚与控诉人达成的认罪求情协议），控辩交易（指一套独特的制度，借以来确定刑事诉讼被告有罪或无罪，并确定对犯罪者适用的刑罚）"，与此同时将二者等同（即 plea bargaining 等同于 cop a plea）。

3. 将 plea agreement 或 plea negotiation 与 plea bargaining 等同使用的问题

如法律英语证书（LEC）全国统一考试委员会所编的《法律英语综合教程》（以下简称《教程》）一书第七篇章（篇名为 Guilty Pleas and Plea Bargaining[1]）中同时出现了"plea bargaining""plea bargain""plea negotiation""plea agreement"。在 guilty plea 的部分，《教程》指出"there is a trend toward the contract view of plea negotiation and bargaining. In this view, the plea agreement should be revealed in the record of the plea and its terms enforced against both the prosecutor and the defendant"[2][法律英语证书（LEC）全国统一考试委员会，2011：301]。其中将 plea bargaining 与 plea negotiation 均视为"契约协议"。但根据具体语境，二者实则同契约协议毫无关联，契约只是协商可能结果之一；而文中将 plea agreement 理解为契约协议则是正确的。

然而在 plea bargaining 的部分，《教程》又指出"under the federal rules of evidence and of criminal procedure, statement made by a defendant in the course of unsuccessful plea negotiation are inadmissible"[3][法律英语证书（LEC）全国统一考试委员会，2011：302]。此句将 plea negotiation 理解为"控辩双方动态协商谈判"，此时应等同于 plea bargaining。但如果与前述句子联系起来看，由于前述句子错误地将 plea negotiation 视为"契约合同"，这就造成了前后矛盾的问题，逻辑上难以自洽。

陈光中（1995：32）主编的《中华法学大辞典》使用 plea bargain，将其译为"辩诉交易"，认为又称"辩诉谈判（plea negotiation）"或"辩诉协议（plea agreement）"，并释义为"美国推行的一种不正规的处理刑事案件的程

---

[1] 笔者试译为"认罪答辩与认罪协商"。
[2] 笔者试译为"存在将认罪协商视为契约协议之趋向。据此，控辩双方达成的契约协议应在答辩中被显现出来，条款规定应为控辩双方所恪守履行"。
[3] 笔者试译为"按照美国联邦证据规则与刑事程序之规定，被告人在不成功认罪协商中的陈述不具有可采性"。

序。检察官为使刑事被告人认罪，以减少控诉罪行，减轻控诉罪名或刑罚为条件，与被告方（一般通过律师）在法庭外进行的谈判。由于双方都想争取有利于自己的最佳条件，所以在谈判过程就会讨价还价，因而得名辩诉交易"。这其实是从过程向度对 plea bargaining 的诠释而非诠释 plea bargain。此时，plea bargaining 等同于 plea negotiation，但与 plea agreement 不等同，plea agreement 仅是 plea bargaining 可能的积极结果，plea agreement 则等同于 plea bargain。

4. 将 plea agreement 与 copping a plea 区别使用的问题

plea agreement 和 plea bargain 可以等同。但我国学界对此尚存在一些误区，主要体现为将二者差别翻译，导致译作读来令人心生疑窦。如美国弗洛伊德·菲尼和岳礼玲（2006：18）编著的《美国刑事诉讼法经典文选与判例》（该书为我国学者对美国刑事诉讼法学者作品的译著）一书中有这样一句话："在美国，90%以上的刑事案件不经法庭审理解决。在这些案件中，检察官和辩护律师一般进行谈判议定一个被称为'答辩协议'（plea agreement）或者'答辩交易'（plea bargain）的文件。"此种译法读来让人疑惑，plea agreement 与 plea bargain 到底为何物？plea agreement 与 plea bargain 二者有何不同？其实二者等同，均为控辩双方当事人在被告人认罪前提下，就定罪量刑问题达成的协议，可以互换使用，译为"认罪答辩协议"，避免同义异译。此句或可改译为"在美国，90%以上的刑事案件不经法庭审理解决，而是控辩双方当事人通过谈判达成认罪答辩协议（plea agreement or plea bargain）予以解决"。

5. copping a plea 与 plea bargain 等同使用的问题

如傅晓玲等（2009：114）编著的《高级法律英语影像教程》一书将 plea bargain 等同于 plea agreement 及 copping a plea，且将其释义为"在刑事案件处理中，控辩当事人达成的协议，其中检控方向被告人提供认罪答辩的机会，作为回报，检控方提出相对于开始的指控较轻的指控，向法官建议量刑从轻"。其中，将 plea bargain 视为控辩双方当事人就某些事项达成的协议，且与 plea agreement 等同是正确的，但将其与 copping a plea 等同不妥。一如前述，copping a plea 是 plea bargaining（认罪协商）的前提基础，而 plea bargain 是认罪协商的积极结果。因此，plea bargain 与 copping a plea 二者并不等同，可以将后者视为前者的前提与基础，若无 copping a plea 则无从产生 plea bargain（认罪答辩协议）。

6. plea-bargain 与 plea agreement 等同使用的问题

《法学》曾刊发一篇译文《"交易"还是"协议"——一个美国检察官眼中的辩诉交易》,译者将标题译为"bargain or agreement—plea-bargain in the eyes of an American prosecutor"。译文中的辩诉交易是指"答辩协议(plea agreement)"(李哲,2008)。可见,译者将 plea-bargain 等同于 plea agreement。一如前述,plea-bargain 其意为"达成认罪答辩协议",将二者等同错误。

三、省思与对策

法律翻译工作需有合理怀疑精神,要敢于突破窠臼。有学者曾为 plea bargaining 译名合理性进行辩护,认为鉴于"辩诉交易"这一名称已为人们所熟知,用这一术语较为合适(杨正万,2002:8)。但是,人们熟知的或约定俗称的译法,或许是最为安全的,但未必是科学合理的。正如有学者曾指出:"法律翻译工作要求译者不但是精通语言的,而且也是精通比较法学的;约定俗成只是翻译规律之一,千万不可奉为翻译的最高原则,更不能容忍它成为翻译中实事求是、尊重科学、服从真理、从善如流的绊脚石"(陈忠诚,2003:41)。

英美刑事诉讼法学专业术语具有特定的法律之意(legal meaning),不可教条主义地将其通常之义(ordinary meaning)推而广之。plea bargaining 属于"行话",David Mellinkoff(1963:17)将"行话(argot)"解释为"普遍适用于某一特定团体的专业行词汇",而很多学者对 plea bargaining 的译法恰恰未能体现其专业性。比如将 plea bargaining 中的"bargaining"译为"讨价还价"的,此种将通常之义理所当然地推而广之的做法有违具体语境要求,难以体现其专业性,却在我国学界普遍存在。有学者曾提出告诫,当译者试图就某个特定词语在其通常含义及法律意蕴,或多重法律意蕴之间进行辨识及确认时,可以借助其发生作用的具体语境来解决。法律专业工具书大有裨益。然而,倘若译者没有意识到习以为常的词语尚具有法律意蕴,从而将其通常之义推而广之,就难以获得法律专业工具书或其他实质性材料支持。因此在进行翻译时,译者,尤其是那些没有接受法律培训之人,不可理所当然地认为那些词语总是以常规方式被使用(Deborah Cao,2007:70)。

翻译应忠实于原意,但忠实于原意并非易事。一个成功的译者必须洞悉翻译术语所有之意及彼此细微差异，以便其可以尽可能真实且自然地在本土语言中得到再现。为此，译者必须知悉法律运行机理以及法律等在司法实践中被诠释及适用方式（Deborah Cao，2007：37）。正如有学者提出的，"译者应最大限度避免受到主观的过度干预，做到价值无涉，应将忠实、准确、理性及全面地揭示原作内容，作为翻译的基本原则及翻译文化观的真谛，应从语言文字、作品、法律文化、立法宗旨、法律精神等不同的层面综合评价研判法律翻译是否忠实于原意，在文化层面上更应追求对外域法律作品的精神实质的准确释解，及对本土法律文化的有效适应"（权睿学，2021：136）。总之，译者需秉持与恪守翻译的忠实观与文化观，以最大限度地用本土语言，全面而客观地将域外知识呈现出来为己任。当下我国学界普遍模糊具体向度而一律将 plea bargaining 译为"辩诉交易"，使得国内学者难以全面客观了解英美刑事诉讼制度的精髓。

法律术语有其特定内涵，译者需要万分慎重，既要"根据具体语境弄清英美法律术语的准确定义，切忌'望文生义'"（张法连，2022：12-13），也要根据具体语境谨防一词多义导致的误译（张法连，2022：29），还要杜绝形似而神异的误译，如 plea bargain 与 plea bargaining 近似而内涵相去甚远。译者需具备问题意识，可借助专业工具书追根溯源，最好储备并勤用多种原版工具书，如此有助于探究法律术语本源，便于译者溯本求源，亦有利于译者避免信息茧房（information cocoons），得以全面地了解法律术语内涵。正如英美学界对于 plea bargaining 存在过程向度与结果向度的诠释，并非单一工具书所能全面释明。这就需要译者查询多种类多版本的工具书，方能知悉。

结　语

"译事之艰辛，惟事者知之"，发现他人之不足较易，亲力亲为则未必比他人做得更好。本文权且对关于 plea bargaining 及同族词之误译误用问题进行罗列和整理，以与学界同仁商榷。法律翻译必须秉持问题意识及科学精神，精耕细作，期待我国法律译者展开更多术语译法的探讨和研究，推动我国法律翻译工作水平再上新台阶。

参考文献：

［1］ Bryan A. Garner. *Garner' Dictionary of Legal Usage（Third Edition）*［M］. Oxford：Oxford University press，2011.

［2］ Bryan A. Garner. *Black's Law Dictionary（Seventh Edition）*［M］. Eagan：West Group，1999.

［3］ Bryan A. Garner. *Black's Law Dictionary（11th Edition）*［M］. Eagan：Thomson Reuters，2019.

［4］ Bruce Nichols. *The American Heritage Dictionary（Fifth Edition）*［M］. New York：Houghton Mifflin Company，2012.

［5］ Ian Brookes. *Collins English Dictionary（12th Revised Edition）*［M］. Glasgow：Harper Collins Publishers，2014.

［6］ David Mellinkoff. *The Language of the Law*［M］. New York：Little，Brown and Company，1963.

［7］ Dean J. Champion. *The American Dictionary of Criminal Justice：Key Terms and Major Court Cases（Second Edition）*［M］. Los Angeles：Roxbury Publishing Company，2001.

［8］ Deborah Cao. *Translating Law*［M］. Clevedon：Multilingual Matters Ltd，2007.

［9］ Diana Lea. *Oxford Learner's Dictionary of Academic English*（英汉双语版）［M］. 北京：商务印书馆，2021.

［10］ Douglas W. Maynard. *Inside Plea Bargaining：the Language Negotiation*［M］. London：Plenum Press，1984.

［11］ Gilbert Law Summaries. *Pocket Size Law Dictionary*［M］. Orlando：Harcourt Brace and Professional Publications，1997.

［12］ Paul Marcus & Melanie D. Wilson. *Gilbert Law Summaries on Criminal Procedure（Nineteenth Edition）*［M］. Minneapolis：West Academic Publishing，2016.

［13］ L. B. Curzon & Paul H. Richards. *The Longman Dictionary of Law（Seventh Edition）*［M］. New York：Pearson Education Limited. 2007.

［14］ James E. Clapp. *Webster's Dictionary of the Law*［M］. New York：Random House，2000.

［15］ John N. Ferico. *Criminal Procedure：For the Criminal Justice Processional*

[M]. San Francisco：Wadsworth，2009.

[16] Jonathan Law. *Oxford Dictionary of Law（Ninth Edition）*[M]. Oxford：Oxford University Press，2018.

[17] Jame R. Acker & David C. Brody. *Criminal Procedure：A Contemporary Perspective（Second Edition）*[M]. Sudbury：Jones & Barrlett Publisher，2004.

[18] Joseph R. Nolan & M. J. Connolly. *Black's Law Dictionary（Fifth Edition）*[M]. Eagan：West Group，1979.

[19] Hemant Sharma. *An Introduction to the American Legal System（Fourth Edition）*[M]. New York：Wolters Kluwer，2015.

[20] Linda Picard Wood. *Merriam-Webster's Dictionary of Law* [M]. Springfield：Merriam-Webster, Incorporated，2016.

[21] Stephen J. Perrault. *Merriam-Webster's Advanced Learner's English Dictionary（Newly Revised & Updated）*[M]. Springfield：Merriam-Webster，2017.

[22] Steven H. Gifis. *Barron's Law Dictionary（Seventh Edition）*[M]. New York：Barron's Educational Series，2016.

[23] Stephen Michael Sheppard. *Bouvier Law Dictionary（Compact Edition）*[M]. New York：Wolters Kluwer，2011.

[24] William Morris. *The American Heritage College Dictionary of the English Language（Third Edition）*[M]. Boston：Houghton Mifflin Company，1980.

[25] [美] 伯恩敬. "交易"还是"协议"——一个美国检察官眼中的辩诉交易 [J]. 李哲译. 法学，2008（7）：56-59.

[26] [美] 弗洛伊德·菲尼，岳礼玲. 美国刑事诉讼法经典文选与判例 [M]. 卫跃宁等译. 北京：中国法制出版社，2006.

[27] [美] 伦斯特洛姆. 美国法律辞典 [M]. 贺卫方等译. 北京：中国政法大学出版社，1998.

[28] [美] 陶博. 法律英语：中英双语法律文书制作 [M]. 龚柏华编. 上海：复旦大学出版社，2004.

[29]《英汉法律词典》编写组. 英汉法律词典 [M]. 北京：法律出版社，1985.

[30] 陈光中. 辩诉交易在中国 [M]. 北京：中国检察出版社，2003.

[31] 陈光中. 中华法学大辞典（诉讼法学卷）[M]. 北京：中国检察出版社，1995.

[32] 陈纪安. 别怕，我不是教科书——最生动的12堂美国法律课 [M]. 北

京：法律出版社，2009.
[33] 陈纪安．美国法律［M］．合肥：中国科学技术大学出版社，2002.
[34] 陈忠诚．法窗译话［M］．北京：中国对外翻译出版公司，2003.
[35] 程味秋．外国刑事诉讼法概论［M］．北京：中国政法大学出版社，1994.
[36] 杜仓宇．精确性视角浅析两岸三地对法律术语"Plea Bargain"的翻译［J］．法制博览，2018（33）：294.
[37] 法律英语证书（LEC）全国统一考试委员会编．法律英语翻译教程［M］．北京：中国法制出版社，2009.
[38] 傅晓玲等．高级法律英语影像教程［M］．广州：中山大学出版社，2009.
[39] 金光明．英汉法学大辞典［M］．台北：五洲出版社印行，1988.
[40] 李荣甫，宋雷．法律英语教程［M］．北京：法律出版社，1999.
[41] 李义冠．美国刑事审判制度［M］．北京：法律出版社，1999.
[42] 梁实秋．远东英汉大辞典［M］．台北：远东图书公司印行，1977.
[43] 刘方权．论共同犯罪中的辩诉交易公共利益和被告人公平审判权——从美国诉辛格尔顿一案看辩诉交易理论的新发展［J］．辽宁警官学院学报，2002（4）：33-37.
[44] 乔晓春．中国社会科学离科学还有多远？［M］．北京：北京大学出版社，2017.
[45] 屈文生等．法律英语核心术语：实务高阶［M］．北京：清华大学出版社，2008.
[46] 屈文生等．法律英语核心术语：实务基础［M］．北京：清华大学出版社，2007.
[47] 权睿学．法译新观［M］．桂林：广西师范大学出版社，2021.
[48] 孙本鹏．美国刑事诉讼中的变诉交易制度［J］．中外法学，1996（1）：61-65.
[49] 王兆鹏．美国刑事诉讼法［M］．北京：北京大学出版社，2005.
[50] 夏登峻．英汉法律词典（第五版）［M］．北京：北京大学出版社，2021.
[51] 薛波．元照英美法词典［M］．北京：北京大学出版社，2017.
[52] 杨正万．辩诉交易问题研究［M］．贵阳：贵州人民出版社，2002.
[53] 张春兴．张氏心理学辞典［M］．上海：上海辞书出版社，1992.
[54] 张法连．大学法律英语教程［M］．北京：外语教学与研究出版

社，2014.
[55] 张法连. 法律英语词汇双解 [M]. 北京：中国法制出版社，2011.
[56] 张法连. 法律英语翻译中的文化因素探析 [J]. 中国翻译，2009（6）：48-51.
[57] 张法连. 英美法律术语汉译研究 [M]. 北京：北京大学出版社，2022.
[58] 张智辉. 认罪案件程序改革研究——认罪案件程序改革国际研讨会论文集 [C]. 北京：中国方正出版社，2008.
[59] 周雅荣. 美国法律辞典 [M]. 上海：文汇出版社，2016.
[60] 朱石炎. 刑事诉讼法论（修订第九版）[M]. 台北：三民书局，2020.

收稿日期：2023-08-19

作者信息：刘国庆，广东省韩山师范学院政法学院法学副教授，研究方向：刑事诉讼法学、刑事证据法学及法律翻译。电子邮箱：Liugq100@163.com。

吴泽宏，深圳出入境边防检查总站潮州出入境边防检查站执勤二队政治教导员，电子邮箱：363433239@qq.com。

Probing into Misinterpretation and Misuse of "Plea Bargaining" and Its Kindred Terms

LIU Guoqing[1], WU Zehong[2]

(1. Han Shan Normal University, Political Science and Law Institute, Chaozhou, 521041; 2. Chao zhou Exit & Entry Frontier Inspection Station, Chaozhou, 515700)

Abstract："Plea bargaining" is a term in Anglo-American criminal procedure law that scholars have interpreted from both procedural and outcome-oriented perspectives. Within the procedural context, "plea bargaining" is synonymous with plea negotiation and is rendered in Chinese as "认罪协商". When conceived as an outcome, it is equivalent to a plea agreement, thus can be translated as "认罪答辩协议". Additional related expressions include "cop a plea", translated as "避重就轻地认罪", and "plea-bargain", also translated as "达成认罪答辩协议". Meanwhile, "plea bargain" can likewise be translated as "认罪答辩协议". Due to the complexity of legal translation, it is crucial for Chinese scholars to circumvent misinterpretations and erroneous applications stemming from literal translations, polysemous terms, and deceptively similar yet substantively distinct legal concepts.

Key Words: plea bargaining; cop a plea; plea-bargain; knowledge genealogy

（责任编辑：陆贝旎）

计算机辅助翻译技术在立法文本翻译中的应用研究[*]

蒋毓婧　刘耘男

摘　要：本文以《民法典》合同编为文本，SDL Trados 为工具，试图探析将计算机辅助翻译技术应用到法律翻译过程中的可行性及其挑战，发现现代翻译技术与法律翻译的结合点在于：以译者对法律文化差异性的感知以及熟知法律英语语言特征的知识积累和逻辑思维判断为主，以计算机辅助翻译技术的翻译记忆库功能、术语管理功能及其他功能为辅，帮助译者避免重复性劳动并节省非脑力活动时间，从而在提高翻译效率的同时保证产出高质量译文。对外译介中国的法律法规是一个长期任务，建设、维护、管理立法文本相关的翻译记忆库和术语库是其中一项重点工作。具备法律逻辑思维和深厚法律英语语言功底的译者始终是法律翻译过程中的主导者和掌舵人。

关键词：计算机辅助翻译技术　《民法典》合同编　SDL Trados　法律翻译

引　言

2023 年 2 月 26 日，中共中央办公厅、国务院办公厅印发《关于加强新时代法学教育和法学理论研究的意见》，其中第 16 条强调：加强我国优秀法学研究成果对外宣传，推动专家学者对外发声，创新对外话语表达方式，提升中国特色社会主义法学理论体系和话语体系的国际传播能力。"立法文本是法律概念、法律制度、法律文化及法律方法的载体，反映国家治理理念、体系、模式"（屈文生，2022：18），它彰显着中国特色社会主义法律体系的

---

[*] 本文为国家社会科学基金重大项目"美国国会涉华法案文本整理、翻译与研究（1979–2019）"（项目编号：19ZDA168）以及北京语言大学研究生创新基金（中央高校基本科研业务费专项资金）项目"《中华人民共和国民法典》法律术语英译研究"（项目编号：23YCX018）的阶段性研究成果。

发展进程和法治建设的最新成果，及时且准确地对其进行外译不仅能够助力涉外法治活动的顺利开展，而且能够推动中国法治话语对外传播，塑造法治中国国际形象。立法文本翻译对于"准确性、严谨性、规范性、统一性"有着极高要求。《中华人民共和国民法典》（以下简称《民法典》）法律规范和制度体系十分庞大，全文七大编共 1260 条，总计近 14 万字，是新中国成立以来条文字数最多的一部法律。有研究表明，此次《民法典》英译时间较短，总共预计只有三个月时间，译介中未使用辅助翻译工具（张法连，2021），可见翻译人员面临着时间紧、任务量大的双重压力，如何既保证效率又严格保证质量是法律翻译人员需克服的一大难题。

随着人工智能技术的发展与进步，不断革新的翻译技术正在冲击和改变传统翻译模式，现代翻译技术的运用提高了译员的工作效率，但也出现了人工翻译将被机器逐渐代替的声音。张法连（2020）通过对机器翻译的法律译文进行实例分析，发现把机器翻译技术应用于法律翻译存在诸多难点，机器或人工智能无法实现术语的准确翻译，以及对法律语言色彩的感知与重现，也无法实现对法律语句的逻辑判断与重建，从而否定了机器翻译的"取代论"。在当前翻译技术不断进步的大背景下，法律翻译和现代翻译技术应当怎样结合才能在提高效率的同时产出高质量译文？笔者将通过聚焦《民法典》合同编，以 SDL Trados 为工具，试图探析立法文本翻译中运用计算机辅助翻译技术（computer-aided translation technology，简称 CAT 技术）的可行性及存在的挑战，以期为今后立法文本翻译与现代翻译技术结合提供一些浅思。

一、CAT 技术概述

计算机辅助翻译由机器翻译演变而来，但是以人工翻译为主，以计算机翻译为辅。广义上的计算机辅助翻译指译者在翻译过程中利用一切计算机化的工具用以辅助翻译，如基于互联网的电子词典、电子百科全书、搜索引擎、文字处理器等（Bowker，2002：6）。狭义上的计算机辅助翻译指基于专门的计算机辅助翻译平台而进行的一种翻译活动（王华树、杨润丽，2015），常见的计算机辅助翻译工具有国外的 SDL Trados、MemoQ、Wordfast 等，以及国内的雅信 CAT、传神 CAT 等。本文为了通过具体实操探析法律翻译中应用计算机辅助翻译技术的可行性，采用狭义的计算机辅助翻译概念。SDL Trados 是世界上最流行的 CAT 软件，在前述几款软件中享有最高市场占有率

（李丹等，2011），因此本文选择以最新版本的 SDL Trados 2021 作为研究工具。总体上看，翻译活动中应用 SDL Trados 工具的主要步骤如图 1 所示，其中翻译记忆库和术语管理功能是 SDL Trados 及其他 CAT 工具的核心功能，是帮助译者在使用 CAT 工具时提高翻译速度和保证翻译质量的坚实基础。

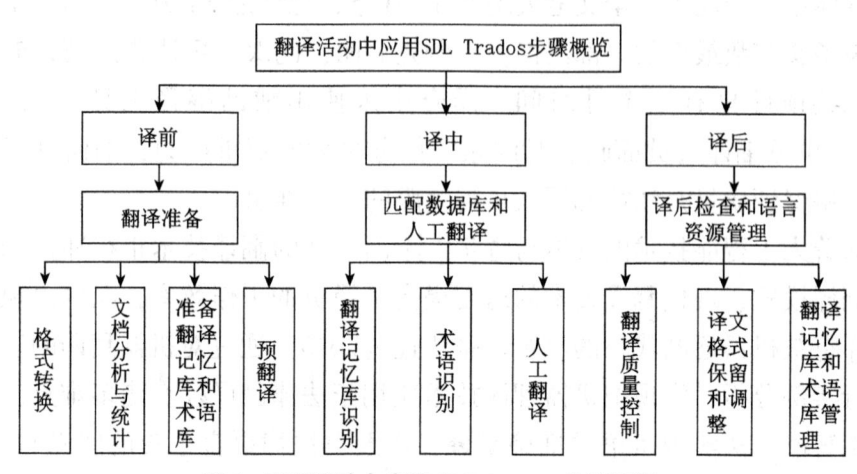

图 1　翻译活动中应用 SDL Trados 步骤概览

二、《民法典》合同编英译过程中应用 CAT 技术的具体实践

《民法典》合同编共计 526 个条文，占《民法典》1260 个条文的 41.75%，条文数目占据整部法典的半壁江山；其内容以 1999 年《中华人民共和国合同法》（以下简称 1999 年《合同法》）为基础，立足我国国情，同时充分借鉴域外先进经验，针对合同领域出现的新情况、新问题，对我国的合同法律制度进行了全面系统地修改和完善（石宏，2020）。鉴于合同编在整个民法体系和社会经济生活中的重要作用，本文以《民法典》合同编作为主要分析对象，以 1999 年《合同法》的英文译本为原始材料制作双语对照数据库，试图探析《民法典》英译与 CAT 技术结合的可行性与挑战。

（一）译前准备

将合同编全文上传到 SDL Trados 平台创建翻译项目后，该平台首先对上传文件的格式进行处理，将文件中文字切分为译者方便阅读的句段，共计 1086 个句段。SDL Trados 支持将四十余种格式转换为可翻译的格式，以便在翻译过程中译者只需关注待翻译的文字，不用为转换格式浪费时间。

如欲基于 SDL Trados 平台提高翻译速度，则需利用其翻译记忆库和术语库功能，即事先准备与《民法典》合同编内容相关的英汉对照句段组成的翻译记忆库和相关术语的双语对照词库。当前，市场上并无与《民法典》各编内容直接相关的英汉对照语料库及相关术语库，在此情况下译者通常只能自己搜集相关双语语料自建记忆库和术语库。一方面，鉴于《民法典》合同编内容以 1999 年《合同法》为基础，笔者在网络上搜集到 1999 年《合同法》三种英文译本：北大法宝版本，威科先行版本和国际劳工组织（ILO）官网版本。利用 SDL Trados 平台的对齐功能，系统可自动划分句段，实现每一句段的英汉对照。但是，在实际操作中发现 SDL Trados 平台的对齐功能仍需译者手动进行调整才可实现原文与译文句段的一一对照。调整完成后便可将三个版本的双语对照文本添加到翻译记忆库中，笔者分别将其命名为"北大法宝 TM""威科先行 TM""ILO TM"（translation memory，翻译记忆库，以下简称 TM），以便在后续翻译过程中令 SDL Trados 平台识别出待译文本与翻译记忆库中的相似句段，译者可直接利用现有译文或者进行部分修改。另一方面，利用 SDL Trados 所属公司开发的 SDL Multiterm Extract 平台，可通过设置相关参数[1]提取待译合同编文本中的高频词语和已有双语对照文本中的术语并制作为术语库。但必须经过人工筛选[2]才可确定待译文本中的高频术语和双语对照文本中的法律术语。基于此，在全文翻译前团队之间便可实现术语共享，并可以有针对性地进行讨论，从而提前统一术语译名。术语译名统一后即可导入术语库中，将其命名为"民法典英译 TB"（term base，术语库，以下简称 TB），以便翻译过程中译员通过术语提示功能进行实时参考。

在准备好翻译记忆库和术语库后，利用该平台的"分析文件"功能可对上传的项目文件进行分析统计，统计源语文件字数（共计 25496 字）以及与现有数据库（北大法宝 TM、威科先行 TM、ILO TM）的匹配度和重复率（如图 2），以便确定翻译项目组的工作量，合理分配工作。据统计，合同编全文内部的重复率为 0.58%，上下文匹配[3]百分比为 2.21%；合同编全文

---

[1] 通常将 minimum term length、maximum term length 分别设置为 1、10。为了提取到更高质量的术语，将 silence/noise ratio 值设置为 silence 值偏高（Noise 率越高，提取到的术语越多，但是质量越低；相反，Silence 值越高，提取到的术语越少，但术语质量会提高）。

[2] 基于 SDL Multiterm Extract 平台进行术语提取时，系统会基于自动设置的常见词汇表将一些常见词汇排除，然后提取目标文件中的高频词汇，但仍需人工进一步筛选。在筛选时，可以基于该平台的 concordance 界面查看所提取词汇的上下文语境，帮助译者判断该词汇是否为目标文档语境下的专业词汇。

[3] 上下文匹配指待翻译的句子不仅与翻译记忆库 100% 匹配，而且和该句的上下文有相似的地方，比 100% 匹配更精确。

与三个 TM 重复率为 100% 的句段有 113 条，占全文总字数的 6.42%；句段重复率为 95% 至 99% 的句段有 76 条，占比 6.65%；句段重复率 85% 至 94% 的高达 19.07%；句段重复率在 75% 至 84% 的为 18.91%；句段重复率在 50% 至 74% 的为 4.95%。换言之，合同编全文中有高达 56% 的内容无需从零开始翻译，译者只需在该句段第一次出现时通过与前文所述 TM 中的内容比对进行审校和修正，之后再遇到相似句段时，SDL Trados 将基于其翻译记忆库功能显示出此前的翻译内容，由此可保证相似内容在整个翻译项目中译文的一致性，且帮助译者节省手动查看此前翻译内容、进行重复翻译的时间。此外，基于 SDL Trados 的"分析文件"功能，可通过设置常见句段的出现频率，比如将该参数设置为 2，从而导出重复 2 次及其以上的句段。《民法典》合同编中共导出 29 条出现频率在 2 次及其以上的句段。基于此，翻译项目组可在全文翻译开始前先对这 29 条句段进行翻译，并在项目组内部充分讨论后保证高频句段译文的统一性。此外，由"新建/AT"数据可见，仍有 35.84% 的内容未与北大法宝 TM 产生任何内容匹配，因此合同编内部非重复内容以及重复率较低的内容，仍需译者人工进行翻译。

文件	类型	句段	字数	字符数	百分比	已识别标记	已修复的字数	片段字数（整个翻译单元）	片段字（翻译单元片段）	AdaptiveMT 影响	标记
中华人民共和国民法典-合同编CH.doc.sdlxliff	PerfectMatch	0	0	0	0.00%	0	0	0	0		0
字符/单词：1.81	上下文匹配	50	563	1079	2.21%	0	0	0	0		0
	重复	29	147	262	0.58%	0	0	9	0		0
	交叉文件重复	0	0	0	0.00%	0	0	0	0		0
	100%	113	1636	2974	6.42%	0	0	0	0		0
	95%–99%	76	1695	3055	6.65%	1	0	19	0		0
	85%–94%	161	4863	8778	19.07%	632	0	0	0		630
	75%–84%	194	4821	8723	18.91%	931	0	152	0		930
	50%–74%	57	1263	2272	4.95%	264	0	67	0		264
内部：											
	95%–99%	2	28	52	0.11%	6	0	0	0		6
	85%–94%	10	157	302	0.62%	36	0	0	0		36
	75%–84%	34	714	1332	2.80%	168	0	0	0		168
	50%–74%	21	471	841	1.85%	96	0	0	0		96
	新建/AT	339	9138	16457	35.84%	0	22	0	1026		1026
	AdaptiveMT 基准	0	0	0	0.00%	0	0	0	0	0.00%	0
	含学习的 AdaptiveMT	0	0	0	0.00%	0	0	0	0	0.00%	0
	总计	1086	25496	46127	100%	3160	0	269	0	0.00%	3156

图 2　SDL Trados 对《民法典》合同编的文件分析报告

此外，利用 SDL Trados 平台的预翻译功能，设置最低匹配率（通常为70%），可自动匹配出与此前准备的三个 TM 和术语库相似率达 70% 及其以上的句段并自动填充其对应的译文。根据系统生成的报告(见图3)可知,《民法典》合同编中51.69%的内容与三个TM中句段达到70%以上相似率,且系统自动填充记忆库中的译文供译者参考,这将为后续翻译节省大量时间。此外,在SDL Trados平台中还可以安装机器翻译插件,之后利用预翻译功能将机翻译文自动填充到相应句段供译者参考。

文件	类型	句段	字数	字符数	百分比	已识别标记	已修复的字数	标记
中华人民共和国民法典-合同编CH.doc.sdlxliff	已翻译	528	13179	23806	51.69%	1962	0	1962
	已更新	0	0	0	0.00%	0	0	0
	复制原文	0	0	0	0.00%	0	0	0
	未更改	558	12317	22321	48.31%	1198	0	1194
	总计	1086	25496	46127	100%	3160	0	3156

图3 《民法典》合同编预翻译报告

(二)运用SDL Trados工具对《民法典》合同编进行全文译介

完成准备工作后,翻译项目管理者可以通过SDL Trados平台向组内译员发布任务文件包,文件包内包括待译文本和此前准备的北大法宝TM、威科先行TM、ILO TM和民法典英译TB。译员直接打开任务文件包便可在SDL Trados平台的编辑器界面对全文进行翻译。运用CAT技术的核心便是在翻译过程中,系统可以通过识别与翻译记忆库和术语库中相似的内容,为译者提供参考译文。如图4所示,系统会在翻译操作界面通过AT(auto-translation)、具体百分比数值、CM(context match)标记提示译者每一个句段的翻译状态。通常日期、时间、数字等非译元素SDL Trados会自动进行翻译(标记为AT),与记忆库中上下文完全匹配的句段(即100%匹配)也会自动填充记忆库中的已有译文(标记为CM)。对其余非100%匹配的句段,系统会显示为未翻译状态并标记出相似值,并在翻译记忆库识别界面显示与某一个翻译记忆库匹配的结果,还会标注出待译句段与记忆库中句段的不同之处,以便译者有针对性地更改译文。待译句段中如识别出与术语库中一致的词汇也会在该词汇上方标识红线,并在术语库识别结果界面显示其译名和术语库名称供译者参考。翻译过程中,所翻译的每句话一经译者定稿也会实时更新到翻译记忆库。同时,译者基于翻译记忆库识别结果界面显示的内容,可以即时发现《民法典》合同编与 1999 年《合同法》的异同之处，相同的地方译者只需对三个 TM 提供的译文进行审校与修正，不同的地方则是此次合同编翻译内容的创新之处，需译者仔细斟酌，认真推敲译文。基于此功能，译者不仅对已有译文实现了精益求精地修正，而且对未有译文之处更加重视，此为一举两得。

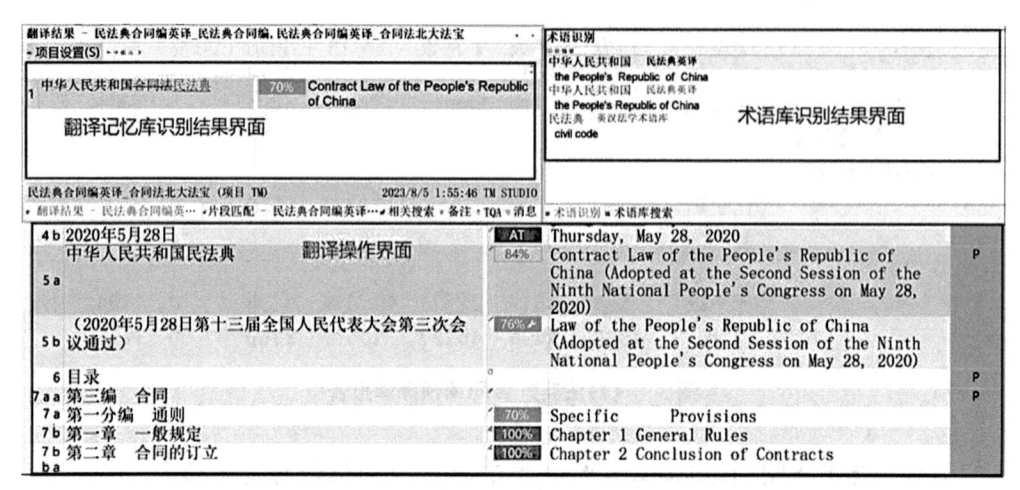

图 4 《民法典》合同编与自制翻译记忆库和术语库匹配结果

（三）译后检查和语言资产管理

"准确严谨是法律法规翻译的首要标准，译文应当尽量符合立法原意，法律法规翻译要做到字字准确，句句对等"（张法连，2021：121）。SDL Trados 平台可以在两方面帮助译者进行译后检查。其一，SDL Trados 平台可以生成双语审校文件包，连同译者翻译过程中使用的翻译记忆库和术语库一同打包发送给翻译项目组的其他成员。之后，其他译员便可基于 SDL Trados 平台对无误的译文进行核准确认，对存疑的句段通过跟踪修订、添加备注等方式否决译文，以便第一译者在收到审校版本的译文时对存疑处进行有针对性地思考。《民法典》英译由 17 位专家组成的法律英文译审委员会完成（屈文生，2022），由全国人大常委会法工委研究室翻译处的同志作为项目负责人（张法连，2021）。因此对于此种参与人数较多的大型翻译项目来说，通过 CAT 工具管理翻译项目，保证译员之间反复交叉审校既可以保证译文质量又可以提高效率。其二，SDL Trados 平台除在翻译过程中有拼写检查功能外，还带有 QA（quality assurance）功能，可批量检查译文的非语义性错误，并生成错误报告供译者进行确认和修改。但是，译者仍需依靠自身的知识积累找出语义性错误并进行修改。此外,SDL Trados 导出的译文格式可同原文格式保持一致,这在很大程度上节省了译者调整格式的时间。

随着信息技术在语言服务行业的不断发展,以翻译记忆库和术语库为代表的语言资源在节约成本、提高翻译速度和翻译质量方面的重要性不言而喻。如前文所述,当前市场上并无与《民法典》直接相关的英汉对照语料库及相关术语库,随着我国改革开放纵深发展,中国与世界各国的经济交往和人员往来日益密切,涉外司法活动空前频繁,世界各国也亟需及时了解我国的法律法规。2021 年美国国会议员提出创建专门针对中国的开源信息翻译分析中心,针对中国公开发表的演讲、文件、报告、战略、新文章、评论、新闻报道、采购合同等翻译成英文,并进行在线发布。历史实践表明,由国外机构组织翻译的我国法律法规,往往有意或无意地曲解我国立法本意,存在误译情形。因此我国法律外译的主动权必须牢牢掌握在自己手中,站稳中国立场,及时且准确地通过法律外译传播真实的中国声音,对外介绍中国法治建设成果,推动中外司法交流。不同国家、民族之间的文明交流互鉴是不可阻挡的潮流,对外译介中国的法律法规是一个长期任务,建设、维护、管理立法文本相关的翻译记忆库和术语库是其中一项重点工作。立法文本中存在一定数量的程式化表达,术语库和记忆库的维护能够为今后立法文本的译介提供便捷。经过多轮审校的双语对照立法文本应通过 SDL Trados 平台存储在双语记忆库和术语库中,以供后续在翻译团队之间实现共享。

三、《民法典》合同编英译过程中应用 CAT 技术的反思

(一) 翻译记忆库和术语库的建设是利用 CAT 技术提高效率的核心

纵观《民法典》合同编译介中应用 SDL Trados 的过程,识别和匹配翻译记忆库和术语库的前提在于前期已准备好与合同编内容相关的记忆库与术语库。如前文图 3 所示,合同编预翻译比例高达 50% 以上,之所以达到如此高比例的主要原因在于:其一,《民法典》合同编内容以 1999 年《合同法》为基础做了一定的修改和创新,笔者基于 1999 年《合同法》的英文译本自建北大法宝 TM、威科先行 TM、ILO TM,如前文图 2 所示,合同编全文与三个 TM 中的句段匹配率大于 50% 以上的已过半。其二,如图 2 所示,合同编全文内部存在一些重复句段,内部句段重复率在 50% 以上的有 6.38%,共计 67 个句段,此类句段只需译者在第一次出现时进行翻译,一经翻译便会存储在

记忆库中，再遇到类似句段时只需调整细节即可。由此可见，有无与《民法典》内容相关的翻译记忆库和术语库是提高翻译效率的关键。

近年来，中国法治建设取得的成果不仅没有被国际社会充分认识和了解，反遭刻意抹黑和攻击，中国亟需向世界展示真实、全面、立体的法治中国形象，组织和实践立法文本译介是一项长期且艰巨的任务。利用计算机辅助的语言大数据分析、建设立法文本翻译记忆库及术语库势在必行。而且随着翻译技术的不断发展，现代翻译正从注重个人翻译的传统模式转向大规模、专业性的项目翻译模式，更加注重翻译环境建设和项目管理（Giammarresi，2011）。因此，需组织和建设一支拥有专业法律英语知识、法律翻译知识、语料库技能、现代翻译技术的立法文本译介项目团队，前期依靠译者的专业知识积累和法律翻译技能人工翻译一定量的立法文本，而后依靠语料库技能和翻译技术建设专门的立法文本翻译记忆库与术语库，并在依赖记忆库和术语库翻译的过程中不断完善和修改记忆库与术语库的译文与定名。

（二）术语译名需依赖译者的法律英语素养

法律英语语言中存在大量法律术语，代表法律语境下的独特概念，其使用应当遵循严谨、慎重之原则（吴苌弘，2016）。法律术语的翻译是法律翻译的精髓和核心问题，其准确性影响到译文整体质量的高低，在翻译过程中应遵循一致性与同一性原则（董晓波，2014）。译者应用同一法律术语表达同一法律概念，同理不同法律概念的译名也不可混用，否则将导致法律概念的混淆，以及造成信息传达的不准确，这与法律翻译应忠实准确地传达原文信息的原则相违背。在对 SDL Trados 平台导入的北大法宝 TM、威科先行 TM、ILO TM 这三个翻译记忆库及基于此创建的术语库的利用过程中，笔者发现如何准确翻译法律术语是运用 CAT 技术时面临的一大难题。以《民法典》合同编中出现频次较高的术语"标的"和"标的物"为例，二者概念有所不同但其翻译记忆库和术语库提供的译名如出一辙（见表1）。"标的"是抽象概念，指合同当事人之间存在的权利义务关系；"标的物"则指当事人双方权利义务指向的具体对象。比如房屋买卖合同中，标的指合同双方之间的买卖关系，而标的物指被买卖的房屋。由此可见，在翻译时将二者划上等号实属不妥。如果译者不加判断，直接引用翻译记忆库和术语库中的内容，恐怕会造成法律信息传达错误，影响正常的司法活动，浪费司法成本。因此，译者如何甄别和决定最佳译名还需依靠自身扎实的法律英语语言技能和基本的目标语国别法知识，切不可单纯依靠现代翻译技术。

表 1　高频次法律术语译例

	标的	标的物
北大法宝 TM	subject matter	the subject matter
威科先行 TM	the subject matter	the subject matter
ILO TM	the targeted matter	the targeted matter

法律翻译与其他类型翻译大有不同，翻译过程中译者不仅需要通过语言的转换再现原文意图传达的信息，而且由于法律翻译中往往涉及两种不同的法律体系，译者更需在转换语言的过程中实现"跨文化、跨法系的思维转换"（张法连，2019：166）。此次《民法典》合同编在继承1999年《合同法》基本制度、基本规则的基础上，同时吸纳了我国司法实践中形成的裁判意见精华和司法解释内容，积极响应变化发展的社会生活中的热点问题，从而作出了不少创新性规定。比如首次引入"准合同"概念并对其进行规范，此外还有预约合同制度、情势变更制度、保理合同制度等创新。针对这些创新之处，译者在没有翻译记忆库和术语库参照的情况下，需通过比对目标语法系的类似概念，辨别两个概念在该法律体系中的内涵和外延及产生的法律适用效果，从而决定是奉行"拿来主义"还是"另起炉灶"；或者在出现概念空白时，如何通过创译准确传达这些制度背后独特的法律概念及法治思想，需译者仔细斟酌。

（三）翻译记忆库存储和识别句段在立法文本译介中发挥作用有限

"程式化"是立法文本的一大篇章特点。"格式的固定性有利于保持法律法规的严密性和统一性，能使法律的规范性得到最充分的体现"（张法连 2016：21）。从句式和篇章结构层面来看，立法文本中会出现一些固定句段，可利用翻译记忆库技术帮助译者节省翻译时间，提高效率并保证前后译文的一致性。我国的规范性法律文本在开篇会说明本法的立法机构、生效时间；正文部分通常由总则、分则、附则三大部分构成，并以"编、章、节、条+具体数字"方式陈列；具体内容包括义务性规范（比如"应当……""有……义务""必须……"）、禁止性规范（比如"禁止""不得"）、授权性规范（"可以""有……权利"）。这些固定的程式化表达有较为固定的译文可循，译者只需遵守约定俗成的方式翻译即可。

但是，SDL Trados 在立法文本译介过程中，固定的程式化表达以及与记忆库中句段相似的内容可借助其记忆库功能，但立法文本中存在大量的复杂长难句，仍需人工进行分析判断，目前的 CAT 翻译技术并不能替代法律翻译译者理清句子的语言结构和逻辑结构。语言是思维的工具，透过立法文本，既可以呈现出法律语言、立法程式所体现的法律思维模式，又可以感知到我国法律体系融合了中国优秀传统法律思想、西方法治文明思想以及中国现代法律思想。译者如何识别、转换、再现立法文本背后的这些隐含信息，是现代翻译技术无法替代人类的具体体现。

四、法律翻译中应用 CAT 技术存在的挑战

科技的革新往往使挑战与机遇并存。在探析《民法典》合同编应用 SDL Trados 平台的可行性时，应见微知著，笔者也意识到法律翻译中应用 CAT 技术存在两大挑战。

其一，法律术语译名未统一。由于法律翻译中应用 CAT 技术的核心在于利用其翻译记忆库和术语库功能，所以现存的双语法律语料库和术语库是其运行的前提和基础。但是，目前国内法律术语翻译乱象丛生，国家对法律术语译名统一和规范化工作的重视程度不够（屈文生，2012），学界对于法律术语的汉译尚在探讨阶段，同一术语的汉译版本较多，法律翻译实务中尚未有权威且唯一的术语库供译者参考。法律术语是法律语言最重要的组成部分，术语翻译的准确性将直接体现司法权威的公正性，保证有效的中外司法交流，提高我国在国际法律事务中的话语权，因此法律术语的规范和统一工作应引起重视。但仍然存在一些衍生问题，比如，法律双语术语库、双语语料库的建立和管理应由国家组织抑或是行业行为；其使用规范如何建立、如何施行等，这些问题都亟待解决。

其二，一部分法律翻译记忆库较难实现共享和及时更新。规范性法律文本、诉讼文书以及公证书中的固定条款，这三类法律文本具有公开性，所以翻译团队可以将其双语对照版本制作为法律翻译记忆库并公开，供其他译者使用。但是，合同类法律文本往往属于客户的保密资料，在一段时间内或者永远无法公开，所以这类文件不能存储到记忆库中对翻译团队成员公开以供后续使用。因此，法律服务翻译团队必须分门别类地建立翻译记忆库并分别做好维护和更新。这项工作不仅费时费力，也有可能无法保证同种类型的文本术语翻译统一。

结　语

随着互联网、云计算和大数据等现代科学技术的蓬勃发展，翻译领域也随之发生技术变革。通过前文分析发现，如将 CAT 技术应用到法律翻译中，将帮助译者避免重复性劳动、节省非脑力劳动时间，从而提高工作效率。但是，由于法律英语语言在用词、句式、篇章结构上的特征，法律翻译在译前、译中以及译后仍需以译者对法律文化差异性的感知以及对法律英语语言的特征知识积累和逻辑思维判断为主，以 CAT 技术的翻译记忆库和术语库等其他功能为辅，才能在提高翻译效率的同时产出准确且符合法律语言特色的译文。

但是，法律文本译介过程中法律术语译名未统一以及部分翻译记忆库较难实现共享和及时更新，这也为 CAT 技术在法律翻译中的应用提出了新挑战。法律翻译中译文文本的精准性事关重大，绝不能单纯依靠现代翻译技术产出译文，具备法律逻辑思维和深厚法律英语语言功底的译者始终是法律翻译过程中的主导者和掌舵人。

参考文献：

［1］Bowker, L. *Computer-aided Translation Technology：A Practical Introduction* ［M］. Ottawa：University of Ottawa Press，2002.

［2］Giammarresi, S. "Strategic views on localization project management". In K. Dunne & E. Dunne（eds.）. *Translation and Localization Project Management*. Amsterdam/Philadelphia：John Benjamins Publishing Company，2011.

［3］董晓波. 我国立法文本规范化英译若干问题探析［J］. 外语教学理论与实践，2014（3）：84-90+97.

［4］李丹等. 基于语义网技术的网络机器翻译研究［J］. 现代电子技术，2011（4）：107-109.

［5］屈文生. 中国法律术语对外翻译面临的问题与成因反思——兼谈近年来我国法律术语译名规范化问题［J］. 中国翻译，2012（6）：68-75.

［6］屈文生. 中国立法文本对外翻译的原则体系——以民法英译实践为中心［J］. 中国外语，2022（1）：1+10-20.

[7] 石宏. 合同编的重大发展和创新 [J]. 中国法学, 2020 (4)：44-65.
[8] 王华树, 杨润丽. 计算机辅助翻译（CAT）技术在现代翻译中的应用探析 [J]. 语言教育, 2015 (1)：82-85+95.
[9] 吴苌弘. 法律术语译名探究——基于术语等值与概念迁移的思考 [J]. 上海翻译, 2016 (6)：48-53+94.
[10] 张法连. 英美法律术语汉译策略探究 [J]. 中国翻译, 2016 (2)：100-104.
[11] 张法连. 法律翻译中的文化传递 [J]. 中国翻译, 2019 (2)：165-171.
[12] 张法连. 法律翻译中的机器翻译技术刍议 [J]. 外语电化教学, 2020 (1)：53-58+8.
[13] 张法连. 从《民法典》英译看法律翻译质量管控体系建构 [J]. 中国翻译, 2021 (5)：121-130.

收稿日期：2023-08-19
作者信息：蒋毓婧, 北京语言大学翻译学专业博士研究生, 研究方向为法律语言与翻译。电子邮箱：jiangyujing2017@sina.com。
刘耘男, 美国印第安纳大学法律博士（J.D.）, 研究方向为法律英语、法律翻译、美国法律。电子邮箱：yunnan0105@126.com。

A Study on the Application of Computer-Aided Translation Technology in Translating the Legislative Texts

JIANG Yujing[1], LIU Yunnan[2]

(1. Beijing Language and Culture University, Beijing 100083, China;
2. Indiana University McKinney Law School, Indianapolis 46202, USA.)

Abstract: Taking Book Three Contracts of the *Civil Code* as the text and SDL Trados as the tool, this paper tries to explore the feasibility and challenges of applying computer-aided translation technology to the process of legal translation. And this paper finds that the combination of computer-aided translation technology and legal translation is based on the sensitivity for the difference for the legal culture of China and the U.S., the profound knowledge of the language of law and logical thinking of legal translator, supplemented by the terminology management function, translation memory function and other functions of computer-aided translation technology, so as to improve translation efficiency and ensure the output of high-quality translation. Translating and introducing laws and regulations of China to the world is a long-term task, while building, maintaining, and managing translation memory and terminology databases related to legislative texts is one of the key tasks. Translators with legal logical thinking and profound legal English language skills are always play the leading and steering role in the process of legal translation.

Keywords: Computer-Aided Translation Technology; Book Three Contracts of the *Civil Code*; SDL Trados; Legal Translation

（责任编辑：孙贝）

理解还是误读?

——小斯当东英译《大清律例》中"化外人"翻译的再评价*

陈 锐 张启扉

摘 要:小斯当东英译《大清律例》是翻译史与法律史上的重要事件,然而,现有研究成果中缺乏针对该译本中涉外法律翻译的关注与分析。因此,本文从古代中国涉外法中具有代表性的"化外人"术语切入,结合语义分析、史料分析与法律解释方法对"化外人"和"Foreigner"的概念进行辨析,并运用译者行为批评框架对特定社会历史条件下的小斯当东的译内行为与译外行为进行考察,旨在阐明小斯当东在《大清律例》英译过程中并非误读中国法律文化,而是受到社会历史条件的制约使其更倾向于选择易于西方读者接受的译语。

关键词:小斯当东 化外人 《大清律例》 译者行为批评 中英关系史

引 言

清代中期,日益频繁的中英贸易往来背后,两国各异的文化与制度频频引起纠纷和冲突,这一日益突出的问题使双方苦恼不已。就在马戛尔尼使团来华的 18 年后,昔日那个获乾隆帝赏赐槟榔荷包的英国男孩小斯当东(George Thomas Staunton),在伦敦出版发行了《大清律例》的英译本,这代表着"西方人首次见到了完整的中国法典"(侯毅,2009:97),也是"中英文化交流的一个起点"(赵长江,2012a:103)。最为关键的是,它拨开了萦绕中英两国的法律迷雾,自那时起,英国人才得以凭借那记载着整整 436 条律文的英译中国法典真正了解中国法律,随后更是将其用于争夺晚清中国司法中的话语权。

---

* 本文为司法部法治建设与法学理论研究部级科研项目"习近平法治思想指导下涉外法治体系完善的结构化分析"(项目编号:21SFB1006)的阶段性成果。

关于英译《大清律例》的研究盛行于本世纪初，此后受到国内外学者的持续关注，研究视角与成果横跨史学、法学及翻译学等多个学科领域（郭洁、董晓波，2022：64-65）。相关学者及论述大致可划归为三种类型：其一，论述该译本对中西方法律文化交流及"中国法律观"形成的意义（李栋，2021：83-90；陈煜，2023：86-95）；其二，述及该翻译行为是出于为英国攫取在华利益及为殖民侵略服务的目的（赵长江，2012b：27）；其三，落足于译文的词、句、语篇分析译者采取的翻译策略（熊德米，2020）。值得注意的是，在中国近代史上，不乏因看似微小的翻译问题而引发文化冲突甚至国际争端的事例，这也引起了许多学者的关注与讨论（刘禾，2009：38-97；屈文生、万立，2020：162-187）。

而《大清律例》的翻译作为中外交往史上的重要事件，目前对此较为细致系统的分析则不多见。同时在与古代中国涉外法紧密关联的"化外人有犯"条中，学界对"化外人"的法律适用问题则多有论争，"化外人"就如同现代国际法中的"外国人"一样是法律中重要的涉外要素，值得关注。基于此，本文将从《大清律例》中"化外人"一词的翻译切入，尝试从语言、史料、法律多角度勾勒出小斯当东在特定社会历史条件下的翻译行为，见微知著地剖析其背后的历史。

一、"化外人"并非"外国人"

《大清律例》英译本中作者的注释及书中影印封面图显示，其汉语底本至少有两本：一是1799年修订版本，二是嘉庆十年（1805年）修订版本（赵长江，2012b：27）。此外，根据译者自述，他于1806年在澳门度假期间开始翻译工作（斯当东，2015：43），可以判断，其翻译主要参考底本应为1805年所修订的《大清律例》。

在清律数次修订中，与"化外人"相关的律文均未修改，根据乾隆五年（1746年）编成的《大清律例》，包含"化外人"的律文共有两处，一处为"化外人有犯"条，其规定"凡化外来降人犯罪者，并一律拟断。隶理藩院者，仍归原定蒙古例"（徐本等，1994：108）。另一处为"狱囚诬指平人"条，规定"若官司鞫囚，而证佐之人有所偏徇。不言实情，故行诬证，及化外人有罪，通事传译番语，有所偏私……"（徐本等，1994：466）。在这两条律文的译文中，小斯当东（1810：36，446）均将"化外人"译为"Foreigner"。其中的"化外人有犯"条不仅是我国古代涉外法的代表，其翻译在当时更是与涉外案件处理密切相关。然而此条的翻译在当时并未受到中方或英方法律工作者或学者的关注。

之后，被学者认为最接近本真的《大清律例》钟威廉（William C. Jones）译本中（苏亦工，1996：72），"化外人"则被译为"Those Who Are Outside Chinese Civilization"（Jones，1994：67），这看似与"Foreigner"是完全不同的概念。而比起小斯当东，学者认为钟威廉更注重译名的真实性和法律术语间的等值对应关系（屈文生、万立，2019：54）。亦有论者指出，原文中"化外人"指的就是蛮夷之地的人，因此翻译应当补偿这一文化心理，译为"persons who are outside the Chinese civilization［Huawairen］"（胡波、董晓波，2020：147），进而认为小斯当东将"化外人"这一法律术语翻译为"Foreigner"是简单地过滤了文化信息而造成的文化误读，应将其归类为意识形态对翻译实施的文化霸权（胡波、董晓波，2021：161-170）。这一观点是否成立亦有待商榷，我们不妨先暂且认定小斯当东并非错误理解"化外人"而译为"Foreigner"，先对当时"化外人"的词义进行具体的考察。

（一）从词源与法制史中考察"化外人"

首先从词源来看，"化外人"一词始于唐朝，《唐律·名例》中便规定："诸化外人同类自相犯者，各依本俗法。"其中对"化外人"的释义即"谓蕃夷之国，别立君长者，各有风俗，制法不同"之人（长孙无忌等，2013：107）。因此很多法学者甚至法学词典中，基于"蕃夷之国"便望文生义地将其与"外国人"画上等号（王珉灿等，1980：112），这似乎与小斯当东的译文殊途同归，并不能说明其有误读之嫌。然而，"化外人"一词的词义并不能"顾名思义"。首先，在《辞海》当中，"化外"之含义是"政令教化所达不到的地方"。单从字面意义来看，"化外"的这种定义过于宽泛，光凭教化与否来判断"化外人"的范围，在司法实践中恐怕不具有可操作性。作为一个法律术语，"化外人"应该有更妥当的界定方式。

在唐代的相关法律实践中，高丽和百济被划为化外之地，再依据《旧唐书》史料推断，唐代对于化外人的界定标准是以"文化"为主的，即是否深受儒家文化的影响，又兼以"国籍"为次要标准，因此，"化外人"一词便兼具了类似现代意义上的"外国人"和"少数民族"的含义（沈寿文，2006：116-118）。然而，亦有学者驳斥了这种推论，认为"化外人相犯"条制定于高丽、百济等蕃国尚未为唐所征服之时，再结合史料和受其影响的日本律令，便可知"化内包括内地与归属唐的周边蕃夷地区，化内与化外是指唐帝国的境内与境外，相当于现代法律意义的国内与国外。化内、化外的区分是以政治归属来判断"。所以，化外人的范围便囊括了"外国人"和未归属于唐的"蕃夷之人"（王义康，2014：49-51）。此外，唐朝《册府元龟》外臣部卷九百九十九亦记载："中国人不合私与外国人交通、买卖、婚娶、来往"（苏钦，1996：144）。

不难发现，唐朝已出现"外国人"一词的史实记载能够佐证"化外人"与"外国人"并非完全对等的概念，二者的外延存在差异。那么，如若参照"化外人"最初的界定，译者将其视为"外国人"也只是一知半解的缘故，忽略了"政治归属"与否的因素。

然而，"化外人"的含义并非一成不变，而是随着时代的变化有所改变的。明律规定，"化外人"在中国相犯一并依中国法律处理，从而将文化不同的"化外"即边疆地区纳入了中国法律的管辖范围，说明"化外人"的界定转变为以文化为标准（邓建鹏，2019：184-185）。清律则沿袭明律，并在旧律的基础上加上了"来降"的注解，且将边疆地区的蒙古人归入此"化外人有犯"条的管辖范围。有论者从字面意义、历史变迁、立法目的、司法实际多个角度说明了明清时期正处于"化外人"概念外延的限缩期，虽沿用唐律"化外人"一词，但其法律适用范围已仅限"少数民族"而非"外国人"（管伟康，2022：101-103）。也有学者认为，唐律到清律中"化外人"到"来降人"这一管辖范围的转变，是受中外关系态势的影响，中国受"世界"观念的冲击，迫于现实需要进行的法律调整（唐伟华，2006：103）。概而言之，清朝时"化外人"在字面上仍保留"教化之外的人"之义，然而清律中其法律适用范围已因时制宜，从原本政治未归属清政府管辖的"外国人"与"少数民族"缩小到"来降"的未归属的"少数民族"。

（二）从法条比较中透视"化外人"

如果只依据单一律文理解"化外人"则显得孤立片面。法典编纂注重整体的统一协调，因此应对整部《大清律例》进行考察，综合分析"化外人"之含义。因此，不妨对《大清律例》中关联律文中的相近概念进行比较分析，即运用法解释学中的"体系解释法"，通过考察相近法条之法意（梁慧星，1993：49），尝试廓清清朝"化外人"的词义与范围，从而更客观地理解"化外人"在整部法典中的定位与性质。由于清律中的许多条文存在沿袭前朝律法之情况，因而在具体考察不同律文中与"化外人"相近的概念时，还需对相关律文的历史演进予以考察，以求更加准确地理解这些概念。

1. 诈伪罪中的"化外人"

除"化外人有犯"条外，清律中另一处也出现了"化外人"这一术语。即上文所述《大清律例·刑律》"狱囚诬指平人"条中"及化外人有罪，通事传译番语，有所偏私……"。既同时存在于同一法典，此"化外人"的法律适用范围应与彼"化外人"相统一。

《唐律·诈伪》中"证不言情"条规定："诸证不言情，及译人诈伪，致罪有出入者，证人减二等，译人与同罪"，并注："谓夷人有罪，译传其对者"。《疏议》中也释义道："传译番人之语，令其罪有出入者……"（长孙无忌等，2013：407）。学者一般认为，唐朝时与译人相关的"番人"及"夷人"包含少数民族及外国人（沈玮玮、陈雅雯，2020）。明律继承了唐朝立法，在《大明律》增加了"化外人"来明确法律规范的范围，规定了"通事"，即翻译官在传译"化外人"之番语时不得作伪证（刘惟谦等，1999：217）。由于明朝时的海禁政策，与外国人往来减少，"化外人"的范围也缩小至以少数民族为主。相关规定一直沿用至清朝，考虑到"化外人"的特殊性，在断狱当中，对于境内不同民族间的犯罪，凡是语言不通的，由通事负责翻译，并且对翻译时发生出入人罪的情况进一步作出法律规定。另外，根据《清史稿》中对不法译人的记载，也体现出清朝官员注重翻译活动对民族关系的影响（郑显文，2008：257）。

2. 奸细罪中的"外人"

与"化外人"相近的概念还有"外人"。《大清律例·兵律》中"盘诘奸细"条规定："凡缘边关塞，及腹里地面，但有境内奸细，走透消息于外人，及境外奸细入境内探听事情者，盘获到官，须要鞫问接引入内、起谋出外之人，得实，不分首从。皆斩。监候……"（徐本等，1994：275）。事实上，这条奸细罪的规定源自唐律中的"间谍罪"。《唐律·擅兴》规定："其非征讨，而作间谍；若化外人来为间谍；或传书信与化内人，并受及知情容止者，绞。"（长孙无忌等，2013：259）由上文对唐朝"化外人"范围的说明，可以判断唐律中该罪名的犯罪主体同样包括境内敌对势力和外国人。然而，唐律"间谍罪"在明律中调整为上述"盘诘奸细"条，其适用范围亦进行调整，将原来的"间谍"按国别分为了"内奸"与"外人"，"内奸"专指境内的敌对势力。"外人"则是指境内奸细向境外"走透消息"的对象，而后此条沿用至清律（闫晓君，2017：158）。

从立法目的来看，该条后附例文规定："交结外国及私通土苗，互相买卖借贷，诓骗财物……除实犯死罪"（徐本等，1994：275）。该例文实际源自明《问刑条例》中的"交结外国，互相买卖借贷，诓骗财物，引惹边衅……"之规定（刘惟谦等，1999：399），原例专指与"外国"交结，后因清朝为加强对苗疆地区的统治制定一系列法律规章，"私通土苗"罪则被并入了"盘诘奸细"条中（王东平，2023：65-66）。例文作为律文的规范和补充，会随着当时司法实践的变化而调整，因此通过此例的续纂也能说明原律"外人"不包含少数民族之义，需要立法者补充说明。

另据我国台湾地区的《教育部重编国语辞典修订本》记载，"外人"有四个义项：①不相干的人；②外国人；③交谊疏远的人；④外地人。[1]而律文中内奸走透消息的对象"外人"指的是"境外之人"，据《辞海》，境有疆界、边界之义，[2]因此"外人"在此更可能指国外之人。春秋时期的《管子·问》中有云，"外人来游在大夫之家者几何人？"唐代房玄龄注解道：外人，即外国人（管仲，2015：175，178）。可见，至少在唐朝时期，"外人"已与"外国人"含义对等，明朝立法也用"外人"指代"外国人"。综上所述，清律"盘诘奸细"条中"外人"符合"外国人"之义项。

3. 漏泄罪中的"外国人"

与"化外人"同时存在于清律中的还有"外国人"一词。《大清律例·兵律》"漏泄军情大事"条中有例文规定："在京、在外军民人等，与朝贡外国人私通往来，投托拨置害人，因而透漏事情者，俱发边卫充军。通事并伴送人，系官革职。"（徐本等，1994：258）据考，漏泄罪源远流长，最早在西周时已存在。（闫晓君，2017：147）然而，明清时期的"漏泄大事罪"则是基于《唐律》所做的法律调整，将原有的"事应密"概念转变为"机密大事"与"军情重事"的概念。（张群，2013：96）实际上，《大清律例》这条直接规定私通、投靠、挑拨、漏泄大事于"外国人"的例文是自明朝例文演变而来，在《万历问刑条例》中便有条例记载"在京在外军民人等，与朝贡夷人私通往来……"而在顺治修例时，此例便由"夷人"改为"外国人"（黄彰健，1994：449）。说明自清朝伊始，司法实践中便存在"外国人"

---

[1] 参见 https://dict.revised.moe.edu.tw/dictView.jsp?ID=160579&q=1&word=%E5%A4%96%E4%BA%BA，最后访问日期：2023年9月20日。

[2] 参见 https://www.cihai.com.cn/yuci/detail?docLibId=1099&docId=5694640&q=%E5%A2%83，最后访问日期：2023年9月20日。

这一概念。

此外，乾隆五年（1739 年）《大清律例》中至少还有五处存在"外国人"一词，分别散见于"私茶""把持行市""多支廪给"等条（徐本等，1994：216、225、296）；再者，"外国"一词亦数次单独出现，散见于上文所述"盘诘奸细"条、"在官求索借贷人财物"条、"私出外境及违禁下海"条（徐本等，1994：275、277、408），而"略人略卖人"条中还出现了"外国之人"的称谓（徐本等，1994：337）。囿于篇幅所限，本文仅以上述漏泄罪为典型例证，但"外国人"在律文中的反复出现同样佐证了这一概念在清朝律法中是与"化外人"并行存在的，两者并非同义。

综上所述，在《大清律例》的条文当中，用于指代"外国人"的词其实是"外人"和"外国人"，而非"化外人"。

二、"Foreigner"与"化外人"之关系辨析

若要判断汉语中"化外人"与英语"Foreigner"的词义对等与否，不能想当然地从字面判断。世界上并无两种全然对等的语言，因此我们同样需要理解译语"Foreigner"的词义，以下将从字典释义与史料分析两方面来对词义进行考察。

（一）从字典中理解"Foreigner"

19 世纪初，即小斯当东在中国生活的年代，在英国较为权威的字典有塞缪尔·约翰逊（Samuel Johnson）编著的《英文字典》（*A Dictionary of the English Language*）。参照该词典释义，"Foreigner"意为"one of another country"，（Johnson，1799：89）即其他国家之人，与现在的"外国人"同义。然而，据同一时期的内森·贝利（Nathan Bailey）所编《通用英语词源词典》（*An Universal Etymological English Dictionary*），考察其词源，"Foreigner"意为"an outlandish person, also that one that is now free of a city, corporation"（Bailey，1737：319），而"outlandish"在《英文字典》中被塞缪尔释义为"非本土的，外来的"（Johnson，2005：415）。

值得注意的是，《英文字典》中同时附上例句用以词义补充，如约翰·多恩（John Donne）所著"To Sir Henry Goodyer"中的诗句"yourself transplant a while from hence. Perchance outlandish ground. Bears no more wit, than ours, but yet more scant."（Johnson，2005：415），意即"让自己短暂移居，或许往

'outlandish'之地去，那里的智慧不能与旧地相比，甚至更加愚昧"。在多恩眼中，outlandish 指代无智慧之地；约翰逊又引用了弥尔顿《复乐园》中的一段诗文："Tedious waste of time to sit and hear. So many hollow compliments and lies. Outlandish flatteries."（Johnson，2005：415），我们参考金发燊的译本，此句意为"只是腻烦地浪费光阴，坐着听那么多空洞无聊的奉承和谎言，古怪的诌媚之辞"（弥尔顿，2004：123）。说明在弥尔顿眼中"Outlandish"同样具有贬义。从现代词典来看，据《牛津高阶英语词典》（*Oxford Advanced Learner's Dictionary*）释义，该词通常含贬义（usually disapproving），表示陌生或极不寻常的（strange or extremely unusual），由此我们认为，"Foreigner"一词或含有贬义，指外来的而愚昧的、古怪的人。

传教士马礼逊（Robert Marrison）所著的历史上第一部英汉对照字典——《华英字典》（*A Dictionary of the Chinese Language*）——虽晚于《大清律例》的出版时间，但年代十分接近，也可作为参考，其中编者马礼逊（1815：61，586）认为"番人"和"夷人"甚至"远人"均为"Foreigner"之意，"夷"则被视为更加"体面的"（respectable）对"Foreigner"的称呼，此外"夷"还有自东方来的"Foreigner"及"Foreigner"的总称等义项。据《牛津英语词典》（*Oxford English Dictionary*），"Foreigner"为多义词，第二个义项是"与当地文化语言不同的人"，该义项从1483年沿用至今，且以英国人不将美国人称为"Foreigner"为例。虽然现代"Foreigner"已常用于表外国人之义，但语言是渐变的，而词义演变也需要相当长的一段时间（葛本仪、杨振兰，1990：99）。如果英语中也曾有以文化为标准来区分有"外国人"之义的三个英文词汇，便与"化外人"一词有异曲同工之妙，可以设想，在18世纪的英语中，对于外来之人，或许同样有着类似"外国人""夷人""化外人"的区别。

（二）从中外史料看"Foreigner"

从史料上看，在东印度公司的档案中，有一份雍正六年（1728年）两广总督孔毓珣发布的公告，其英译本多处出现"Foreigner"一词（刘禾，2009：54）。如今，公告原文已难考证，但若要探究当时孔毓珣对英人的用词，从当时他向雍正帝上奏的折子中可见一斑，据《宫中档奏折·雍正朝》记载，[1]

---

[1] 文中奏折内容均查询自台北故宫博物院清代档案文献检索系统 https://qingarchives.npm.edu.tw/index.php?act=Archive，最后访问日期：2023年9月20日。

雍正二年（1724 年），孔毓珣先是上"奏复广东人民谋生方法及管理澳门西洋人事"的折子，后又上"奏报各省送到西洋人住广州天主堂并呈香山澳门图"的折子。对此，雍正朱批曰："朕不甚恶西洋之教，但与中国无甚益处，不过从众议耳，你酌量，如果无害，外国人一切从宽好"。其中，孔毓珣称外国人为"西洋人"，雍正帝则仍称"外国人"，未见称"夷"；雍正三年（1725 年）的"奏明到粤外国洋船事折"涉及了英国船只，其中有一处将"洋船"写作"彝船"；雍正四年（1726 年），"奏报西洋使臣噶哒都易德丰搭船回国日期折"中提及法国使臣，但这次雍正的朱批为："外彝人只示以恩厚为要，万不可与之争利"，此"外彝人"与后来的"外夷"可谓颇有关联。后来，雍正五年（1727 年）上的"奏报洋商祝贺万寿折"中，"西洋使臣"和"彝商"同时出现。

由此可知，雍正六年（1728 年）孔毓珣为东印度公司所写公告中的"Foreigner"，原文未必为"夷"，更可能是"外国人""西洋人"或是"彝人"。结合当时的中英关系进行分析，两国尚未有第一次正式外交接触，英国只是借"东印度公司"与中国有所往来，尚未发生冲突，足可认为"彝"字此时未带有浓重贬义色彩。

此外，"外夷"首次出现于奏折之中是在雍正十三年（1735 年），折子由时任广西提督总兵官的霍昇所上，其事由为"奏为臣蒙恩……外控外夷……不致贻误地方由"，折中所述为安南夷人，当时安南虽为藩属国，其"夷"亦等同"外国人"概念，但折子中首次以"外夷"直接指代"西洋人"已是嘉庆五年（1800 年）的事了，其事由为"奏为钦承谕，旨毋令外夷携无益之货，破坏淳朴之俗，恭折具陈"。《华英字典》编纂始于 1808 年，历时 15 年出齐（徐时仪，2016：57），当时存在"外国人""外人""西洋人"等词，而马礼逊却是选取"夷人"作为"Foreigner"的对等词，当时，"休斯夫人"号及"朴维顿号"事件已经发生，再结合前朝乾隆帝的态度，是否英人已经察觉"夷人"之称与"Foreigner"一样具有部分的贬义色彩呢？值得一提的是，上文清律奸细罪中所述的"外人"，虽为外国人之义，却被小斯当东译作"Stranger"即"陌生人"之义（Staunton，1810：237），后来钟威廉的版本中则将其改为了"Foreigner"（Jones，1994：216）。

我们也可以从源语国家的立法来考察词义。据查证，早在 1705 年，英国便有了所谓"外国人"法，即 Aliens Act，而英国第一部现代意义上的外国人法则是 1793 年的 Alien Act（Ferch，1978：2）。据英国《牛津法律大词典》

释义，*Aliens Act* 的立法目的是向苏格兰施压迫使其同意联合，如果苏格兰人不接受汉诺威王朝的继承权，便禁止苏格兰对英格兰的出口贸易。质言之，当时苏格兰人被视为"Alien"。并且，早期的"Alien"被视为罪犯或不法之徒，但罗马法中的万国法思想承认了他们享有的权利。苏格兰和英国在两年后才合并为联合王国。后来"Alien"一词已逐渐不含贬义（Walker，1980：48）。

英国政府立法网站上显示，标题包含"Alien"的立法有42条，而"Foreigner"只有1条，即1906年颁布的《与外国人婚姻法》（*Marriage with Foreigners Act*）。此法特别针对与苏格兰人的婚姻进行了说明，"虽适用本法，但苏格兰人不受结婚证明禁止的约束"，证明苏格兰人属于 Foreigner 并具有特殊的法律地位。以上立法或可说明，在小斯当东的时代，至少在法律制定上，英国法律中对外国人的正式用词并非"Foreigner"而是"Alien"，然而小斯当东并未采用这一词语作为"化外人"的译名，一定程度上证明小斯当东也并未将"化外人"等同于"外国人"。

当我们将目光转向英国的司法实践，就能发现，在1832年英国上议院审理的 Elizabeth v. Robert Watson and Gilbert Watson 案中，[1]英格兰人伊丽莎白被苏格兰法院视为"Foreigner"，但当时苏格兰和英格兰已是联合王国。而在1792年 James Miller and his Attornies v. John Allen 案中，[2]上议院则将一名苏格兰精神病人的美国监护人称为"Alien"，至少能够佐证"Foreigner"在法律中的范围包括同一国家内不同文化背景的人。

英国学者威廉·罗斯威尔（William Rothwell）对"Stranger""Foreigner""Alien"的词源分别考证发现，这三个词存在混用的情况是因为拉丁语、法语和中古英语当中表意接近的词同时存在造成的，这三者均有"外人"之意，而通常前两者指向的是"当地之外"的人，"Alien"则多用于以国别为标准的情况，代指"国家之外"的人。其中，来源于拉丁语的"Stranger"一词贬义色彩最重（Rothwell，2010：18）。将"外人"译作"Stranger"可以视为是小斯当东对奸细罪有所理解后做出的译释，即"外人"是涉嫌与境内奸细往来犯罪之人，故此采用了语义最重的译词。

---

[1] *See* Elizabeth Rebecca Crowder or Turnley – Sir C. Wetherel – Macniel v. Robert Watson and Gilbert Watson, [1832] UKHL 6_WS_271.

[2] *See* James Miller and his Attornies v. John Allen, [1792] Mor 4651.

三、从译者行为看小斯当东误读与否

如果对特定语境中的两种语言未加考察，译本读者与评论者容易先入为主，将"化外人"译为"Foreigner"的行为等同于将"不受教化的人"译为"外国人"，认为是小斯当东不理解中国文化而造成的错译。但通过上文分析可知，译者在"外人"和"化外人"的译语选择上存在差异，或许已然察觉到这些涉外词语在语义上的细微差别，并将"化外人"视为了"汉文化"之外的人。那么，如何判断小斯当东是否误读"化外人"呢？

我们可以尝试将译者置于社会视域下，综合其语言性翻译行为和社会性非译行为，分析其译者行为，着眼于"译内行为"及"译外行为"两方面，即从译者身份和非译者身份的两个角度，分析译者在语言内的转换和译者的社会行为。同时，运用"求真—务实"评价模式来对特定的译者行为进行描写和解释。其中"求真"是译者为实现务实目标，全部或部分求取原文语言所负载意义真相的行为；"务实"是在"求真"基础上为满足务实性需要采取的态度和方法（周领顺，2014：25+76-77）。

下文将从译内与译外两个维度分析小斯当东选取"Foreigner"作为"化外人"在"求真—务实"评价模式中的定位，以判断其误读与否。

（一）作为译者的小斯当东并未误读

从译前准备来看，根据英译《大清律例》译者自序（以下简称《自序》）记载："译者通过研读这些内容受益良多……参考雍正帝注释中的解释说明能够拾遗补缺，增进全面理解"（小斯当东等，2015：101），我们了解到，译者不仅只阅读并翻译了"律"，即所谓的"基本法"内容，也通读了"例"等"补充法"的内容。这侧面说明小斯当东在当时通过通读《大清律例》能够意识到"化外人""外人""外夷""外国人"等概念是同时并行存在的，而并非同义。

在译中，对于难懂的汉语字词，"译者就此咨询过一些最有学问的中国人，这也是他们的共识"，并且得到了"法律工作者"和"熟稔中华帝国"的友人的帮助（小斯当东等，2015：101-102）。这说明，作为译者的小斯当东并非凭借一己之见而进行翻译，而是注重翻译的准确性。如果他站在"与本国有语言文化之别"的立场选择了"Foreigner"作为"化外人"的对等词，那么，"化外人相犯"条译文中原本的不合理之处便显得合乎情理了，

即"外国人来降"（all foreigners who come to submit themselves to the government）和将蒙古族归为"外国人"（regulations framed for the government of the Mongol tribe）。小斯当东在译者序中同样认可了"中属鞑靼"的存在（小斯当东等，2015：97），如果违背史实将其归为"国外之人"更不符合常理。

在"化外人有犯"条的译者注释中，小斯当东对律文进行了补充说明，即"广东政府以此条管理澳门居住之葡人"。广东政府从明朝起便长期按照"化外人有犯"条管理葡萄牙人，直至1749年出台《澳门约束章程》（汤开建，1997：86）。说明译者在翻译过程中为了求真，考察了本条在中国历史上的立法与司法实践情况。此外，附录 XI 中译者还附上四份涉外法律相关的官方文件，包括葡萄牙人杀害中国人案、"海王星号"英国水手伤人案等，借由引用"海王星"号事件的判决来说明中国法律中对"过失杀人"罪有减轻处罚的规定，而非西方一直盛传的"以命抵命"（施晔，2020：148），从而消弭西方对中国刑法的误解。此外，从小斯当东修改重组原典中的各种复杂的图表行为可见，他为了使译本便利目的语读者阅读付出了许多努力，侧面体现其译内行为也考虑到了务实性（André，2004：6-14）。

从翻译目的来看，在"自序"中小斯当东写道，译文"要说明的是法律的性质和原则，并非中国人的语言"（小斯当东等，2015：101），说明译者在翻译策略的选择上倾向于向目的语的法律用语归化的方式，尽可能消除由语言带来的隔阂，才能解决"对中国法律精神存在错误或不完善的认识"的问题。因此，他并未将"化外人"直译为"who are out of civilization"或是"out of naturalization"。

在翻译《大清律例》过程中，译者克服语言障碍，努力考察词语的基本意义及在司法实践中的含义的行为，说明他并非对中国法律文化进行误读，而是力求在"求真—务实"的双重要求下使得译文尽可能地贴近原文所负载的语言意义。

（二）非译者身份的小斯当东亦未误读

除了译者身份，小斯当东也兼具多重社会身份，这同样影响着他的译者行为。

从生活经历来看，当时小斯当东同时兼具"商人"和"前使团成员"的身份。在翻译工作开展前，他便就职于东印度公司广州商馆，担当货监（supercargo）的重任。有学者考察了小斯当东在广州活动的史料，认为他当时在中国有着三大目标，先是赚取财富，其次是学习中文及渴望职务的晋升，最后是期望成为英国第二个使节团的成员（Spivey，1969）。也有学者指出，一方面，小斯当东的家信表明他对中英外交事业的热情，另一方面，他翻译《大清律例》的动机在于深入了解中国外交政策，在《大清律例》翻译之前他就已经通过练习翻译清朝官方文件来理解中国的外交政策（游博清，2010：276，283）。在1806年开始翻译《大清律例》时，他还升任了商馆决策委员会的秘书，在东印度公司中担任更重要的角色。此外，小斯当东在1807年"海王星"号事件担任调停者角色的经历颇受赞誉（斯当东，2015：32），可见当时他对中英贸易关系及外交关系的改善仍持正面积极的态度。

然而，有学者以东方主义视角对这一翻译事件进行分析，认为小斯当东支持英国攫取在华治外法权，其翻译《大清律例》一方面能巩固自己汉学家领军人的地位，另一方面最直接的原因是为了破译中国涉外法律的不透明性，维护英人在贸易上的利益，并间接推动英国攫取治外法权，还使西方认为中国的法律文本一成不变，因此得出中国的文明程度较低的结论（Chen，2015：70，88，106，126）。

首先，从《小斯当东回忆录》（以下简称《回忆录》）中的相关记载可以认为这一观点值得商榷。其一，关于《大清律例》英译本的出版，小斯当东自述道："没有人能指望这样的一本书能大受欢迎，或被摆在会客厅的桌上，然而它在学界受到的喜爱和热衷远超出我最为乐观的期待"（斯当东，2015：44），说明他当时身为一名商人，未将自己视为所谓权威的中国研究学者。其二，1838年，巴麦尊勋爵提案在中国设立法院，小斯当东旋即提出异议，反对这一提案，该提案最终也被撤销（斯当东，2015：88）。在《大清律例》英译本发行28年后他尚且认为这一举措不合时宜，恐不能认定他曾有意助力英国攫取治外法权。

此外，为研究中国的外交政策，小斯当东必定会首先关注到"化外人有犯"条及当中"化外人"的模糊性，如若有攫取治外法权之企图，他大可不采用"Foreigner"的译名来转换"化外人"的概念，可将其与"不文明之人"概念关联起来，自诩为高文明的英帝国大可就此挑起一场口舌之争。显然，"Foreigner"的译名或许免去了一场可能由显得晦涩的汉语法律词语引发的政治外交冲突。这种结果对期待中英关系改善，自己能再次作为使团成员觐见皇帝，实现父亲梦想的小斯当东来说应当更符合他的期待。

1822年，小斯当东在其著作《中国与中英商务往来杂评》中对东印度公司贸易表示支持。针对来自英国国内自由贸易派的批评，他自称对清政府的访问从来都是一种调解和赞扬，而不是规劝和抱怨，"不必掩饰我们的目的纯粹是商业性质的"，并且认为英国海军船只在中国海岸徘徊的行为是"可疑的"，会造成对双方贸易不利的状况（Staunton, 1822: 231, 234, 238）。这也足以证明他作为高年薪的货监，代表着背后的东印度公司广州商馆和英商群体，更多考虑的是与中国贸易的利益和财富累积，尤其当时贸易关系正受到来自港脚商人的冲击（格林堡, 1961: 10-38）。同样，在1836年小斯当东名为《论中英关系及可能改善的计划》的小册子中他也反对与原本友好的中国发生武装冲突（Staunton, 1836: 12）。译者的译外行为更多从符合自身利益的角度出发，也从侧面印证小斯当东翻译的动机是让当地商人、水手能够理解，熟知中国法律中的禁忌以规避贸易中无益的冲突。

此外，小斯当东还有一个非译者身份鲜受关注，即法律研究者的身份。作为一名法律翻译者，首先需要有专业的法律知识作为支撑。据《小斯当东回忆录》记载，小斯当东年轻时曾在中殿律师会馆（Middle Temple）学习法律（斯当东, 2015: 16）。后在译者自序中他也提及了英国法原则、《论法的精神》《摩奴法典》等，其中最重要的是他评价了中国编纂的法典"只有那些实用性和合理性经受过类似检验的法典才有资格拿来和这部法典作比较"（小斯当东等, 2015: 99），他在译本的副标题中甚至给《大清律例》冠以"中国刑法典"（Penal Code of China）之名，尽管被后世学者诟病该副标题使西方误认为中国法中只存在刑法，这也体现出他对法典编纂有所关注。

在《大清律例》英译本出版前，同为英国人的法学家杰里米·边沁（Jeremy Bentham）在1789年便出版了《道德与立法原理导论》，并热衷于法典的编纂，提出了系统的法典编纂理论。1802年出版的《完整法典概论》，便包括他所拟的民法典草案，其立法精神与两年后的《法国民法典》基本相同（徐国栋 2009: 37）。如果当时小斯当东希望按照西方法典的形式，务实地翻译出一本符合西方法典编纂模式的《大清律例》，那么边沁关于立法编纂理论的著作应当是他不会忽略的参考对象。一方面，在《道德与立法原理导论》中就有对刑法典的定义："刑法典并非由剔净所有民法内容的惩罚性法律构成，而是将主要由惩罚性法律构成，包括全部民法的命令性内容。此外，大概还会见到不属于民法而属于惩罚性法律的各种说明性内容"（边沁, 2000: 375）。小斯当东如果参考了该定义，将《大清律例》定性为"刑法典"便可以说是有所根据。同样，边沁在《罪过的分类》一章中的"危害国家外部安全罪"（offences against the external security of the state）有涉外相关规定，"3. Injuries to foreigners at large (including piracy). 4. Injuries to privileged foreigner (such as ambassadors)."（Bentham, 1823: 286）。在此，边沁并未依照英国立法的习惯，而是选用了较少使用的"Foreigner"一词，这也可能影响了小斯当东的译者行为。

综上所述，在译者身份之外，小斯当东还拥有商人、怀揣外交理想的前使团成员、法律研究者的多重身份。在这些身份的共同作用下，为符合目标读者，即英方商人、官员的期待，译者在翻译中会更多从利益出发，考虑到法典的实用性而非其中的文化性，并且受当时西方法典编纂模式影响，体现出译者行为的务实性。简而言之，小斯当东并非有意误解或误译"化外人"，而是受翻译外的社会历史因素影响，使其译者行为中的社会性高于语言性，在翻译目标、态度、方法的抉择中以务实为上。

结　语

通过对清代法典《大清律例》中"化外人"的法律演变和相近概念比较分析及对同一时期的"Foreigner"一词在词源、史料等方面进行考察，结合对小斯当东译内行为和译外行为的分析，可以发现译者小斯当东并非有意在翻译过程中对"化外人"进行误读，而是在理解词义的基础上，更多受到其非译者身份的制约而采取了较为折中的翻译策略与方法。由此见微知著，说明小斯当东在《大清律例》的翻译活动中更多以务实为上，但同时也兼顾了一定程度的"求真"。

此外，由于文章篇幅有限，关于小斯当东的法律思想、Foreigner的词义演变，中西方法律中涉外法律的共同点与发展趋势等问题有待进一步思考与探究。

翻译不仅是机械地语码转换，译者行为也可以折射出个体在特定社会历史条件下如何在各种因素的共同作用下作出译语的抉择。当时正处在中英交往的关键时刻，面对层出不穷的文化冲突，自西方远道而来的译者小斯当东受多重身份的制约，仍以积极正面的心态，突破语言的藩篱，深入了解中国法律，以谨慎认真、较为客观的态度翻译这部中国法律文化的集大成之作《大清律例》，在收获当时西方主要出版物好评的同时，也在一定程度上消弭了西方对中国法的误解，在一定时期内起到改善两国贸易关系的作用，也架构了近代中国法文化与法精神走向世界的桥梁，给后世西方的中国法研究带来深刻的影响。

参考文献：

[1] James St. André. "But do they have a notion of Justice?" Staunton's 1810 Translation of the Great Qing Code [J]. *The Translator*, 2004, 10（1）：1-31.

[2] Nathan Bailey. *An Universal Etymological English Dictionary* [M] London：printed for Thomas Cox at the Lamb under the Royal Exchange, 1737.

[3] Jeremy Bentham. *An Introduction to the Principles of Morals and Legislation* [M]. London：Clarendon Press, 1823.

[4] Li Chen. *Chinese Law in Imperial Eyes：Sovereignty, Justice, and Transcultural Politics* [M]. New York：Columbia University Press, 2015.

[5] David LuVerne Ferch. *The English Alien Acts, 1793-1826* [D] Williamsburg：College of William & Mary, 1978.

[6] William C. Jones. *The Great Qing Code* [M]. London：Clarendon Press, 1994.

[7] Samuel Johnson. *Johnson's Dictionary of the English Language* [M] London：J. Johnson et al, 1799.

[8] Samuel Johnson. *A Dictionary of English Language* [M] London：Penguin Books, 2005.

[9] Robert Morrison. *A Dictionary of the Chinese Language*（*vol.*1）[M] Macao：Thoms, 1815.

[10] William Rothwell. 'Strange', 'Foreign', and 'Alien'：The Semantic History of Three Quasi-Synonyms in a Trilingua Medieval England [J]. *The Modern Language Review*, 2010：1-19.

[11] George Thomas Staunton. *Ta Tsing Leu Lee Being the Fundamental Laws, and a Selection from the Supplementary Statute of the Penal Code of China.* [M] London：T. Cadell and W. Davis, 1810.

[12] George Thomas Staunton. *Miscellaneous Notices Relating to China：and Our Commercial Intercourse with that Country.* [M]. London：John Murray, 1822.

[13] George Thomas Staunton. *Remarks on the British Relations with China and the Proposed Plans for Improving them* [M]. London：A. J. Valpy，1836.

[14] Lydia Luella Spivey. *Sir George Thomas Staunton：Agent for the British East India Company in China，1798-1817* [D]. Durham：Duke University，1969.

[15] David Maxwell Walker. *The Oxford Companion to Law* [M].Oxford：Clarendon Press，1980.

[16] 陈煜. 中国法在西方的传播与影响——以《大清律例》为中心 [J]. 社会科学战线，2023（7）：86-95.

[17] 邓建鹏. "化内"与"化外"：清代习惯法律效力的空间差异 [J]. 法商研究，2019（1）：182-192.

[18] 葛本仪，杨振兰. 词义演变规律述略 [J]. 文史哲，1990（6）：97-100.

[19] [英] 格林堡. 鸦片战争前中英通商史 [M]. 康成译. 北京：商务印书馆，1961.

[20] 管伟康. 清律"化外人有犯"条探析 [J]. 暨南史学，2022（1）：100-114.

[21]（春秋）管仲. 管子 [M].（唐）房玄龄注.（明）刘绩补注. 刘晓艺校. 上海：上海古籍出版社，2015.

[22] 郭洁，董晓波. 中国法律典籍翻译研究的可视化分析（1983—2021）[J]. 民族翻译，2022（6）：63-74.

[23] 何九盈等编. 辞源（第三版）[M]. 北京：商务印书馆，2015.

[24] 侯毅. 欧洲人第一次完整翻译中国法律典籍的尝试——斯当东与《大清律例》的翻译 [J]. 历史档案，2009（4）：97-104.

[25] 胡波，董晓波. 古代法律专业术语之不可译及其补偿研究 [J]. 中国文化研究，2020（4）：140-149.

[26] 胡波，董晓波. 是文化交流，还是文化霸权？——从《大清律例》首个英译本中的文化误读切入 [J]. 中国文化研究，2021（2）：161-170.

[27] 胡兴东. 清代民族法中"苗例"之考释 [J]. 思想战线，2004（6）：33-38+45.

[28] 李栋. 19世纪初西方英译本《大清律例》述评中的中国法形象 [J]. 贵州社会科学，2021（11）：83-90.

[29] 梁慧星. 论法律解释方法 [J]. 比较法研究，1993（1）：47-64.

[30]（明）刘惟谦等. 大明律 [M]. 怀效锋点校. 北京：法律出版社，1999.

[31] [英] 弥尔顿. 复乐园 [M]. 金发燊译. 桂林：广西师范大学出版

社，2004.

[32] [英]乔治·托马斯·斯当东. 小斯当东回忆录 [M]. 屈文生译. 上海：上海人民出版社，2015.

[33] 屈文生，万立. 中国封建法典的英译与英译动机研究 [J]. 中国翻译，2019（1）：51-59+190.

[34] 屈文生，万立. 全权、常驻公使与钦差——津约谈判前后的中英职衔对等与邦交平等翻译问题 [J]. 学术月刊，2020（6）：162-178.

[35] 沈寿文.《唐律疏议》"化外人"辨析 [J]. 云南大学学报（法学版），2006（3）：115-118.

[36] 沈玮玮，陈雅雯. 古代中国地方的司法翻译人 [N]. 人民法院报，2020-01-24.

[37] 施晔.《公审"海王星"号商船水手》本事考 [J]. 文艺研究，2020（4）：139-149.

[38] 苏钦. 唐明律"化外人"条辨析——兼论中国古代各民族法律文化的冲突和融合 [J]. 法学研究，1996（5）：142-152.

[39] 苏亦工. 当代美国的中国法研究 [J]. 中外法学，1996（5）：69-73.

[40] 汤开建. 田生金《按粤疏稿》中的澳门史料 [J]. 暨南学报（人文科学与社会科学），1997（4）：79-88.

[41] 唐伟华. 清前期广州涉外司法问题研究 [D]. 北京：中国政法大学，2006.

[42] 王东平. 清代天山南路地区司法实践中的"苗疆条例" [J]. 中国社会科学院大学学报，2023（3）：63-73.

[43]《法学词典》编辑委员会等编. 法学词典 [M]. 上海：上海辞书出版社，1980.

[44] 王义康. 唐代的化外与化内 [J]. 历史研究，2014（5）：43-60.

[45] [英]小斯当东等. 小斯当东论中国与中国法——小斯当东《大清律例》译者序（1810年）[J]. 南京大学法律评论，2015（1）：89-102.

[46] 熊德米.《大清律例》英译比较研究 [M]. 北京：法律出版社，2020.

[47] 刘海年，杨一凡编 中国珍稀法律典籍集成（丙编第一册）——大清律例 [M]. 郑秦，田涛校. 北京：科学出版社，1994.

[48] 徐国栋. 边沁的法典编纂思想与实践——以其《民法典原理》为中心 [J]. 浙江社会科学，2009（1）：36-45+126.

[49] 徐时仪. 明清传教士与辞书编纂 [J]. 辞书研究, 2016 (1)：56-64.
[50] (清) 薛允升. 读例存疑点注 [M]. 胡星桥, 邓又天编. 北京：中国人民公安大学出版社, 1994.
[51] 闫晓君. 古代保密法：漏泄罪与间谍罪 [J]. 法学, 2017 (2)：147-159.
[52] 游博清. 英人小斯当东与鸦片战争前的中英关系 [C] // 复旦大学历史地理研究中心. 跨越空间的文化——16-19 世纪中西文化的相遇与调适. 上海：东方出版中心, 2010：275-295.
[53] 张群. "事以密成, 语以泄败"——论中国古代的保密思想与法制 [J]. 南京大学法律评论, 2013 (1)：92-104.
[54] (唐) 长孙无忌等. 唐律疏议 [M]. 岳纯之点校. 上海：上海古籍出版社, 2013.
[55] 赵长江. 法律文本翻译的双重性：文化交流与信息泄漏——以 1810 年《大清律例》英译为例 [J]. 民族翻译, 2012 (3)：21-28.
[56] 赵长江.《大清律例》英译：中英文化交流史上的首次直接对话 [J]. 西安外国语大学学报, 2012 (3)：100-103.
[57] 郑显文. 唐代诉讼活动中的翻译人 [C] // 理性与智慧：中国法律传统再探讨——中国法律史学会 2007 年国际学术研讨会文集. 北京：中国政法大学出版社, 2008：250-268.
[58] 中国第一历史档案馆编. 鸦片战争档案史料——第一册 [M]. 上海：上海人民出版社, 1987.
[59] 周领顺. 译者行为批评：理论框架 [M]. 北京：商务印书馆, 2014.
[60] 朱文哲. "夷"与"满汉"：晚清民族主义起源探微 [J]. 北方民族大学学报 (哲学社会科学版), 2012 (1)：27-34

收稿日期：2023-10-09
作者简介：陈锐, 上海海事大学外国语学院硕士研究生, 研究方向为法律翻译、翻译史。电子邮箱：202130810143@ stu. shmtu. edu. cn。
张启扉, 厦门大学法学院博士研究生, 研究方向为国际法与涉外法。电子邮箱：zhangfei@ stu. xmu. edu. cn。

Comprehending or Misinterpreting?
——A Reassessment of the Translation of "Hua Wai Ren" in George Thomas Staunton's English Translation of *Ta Tsing Leu Lee*

CHEN Rui[1], ZHANG Qifei[2]

(1. College of Foreign Languages, Shanghai Maritime University, Shanghai 201306, China; 2. School of Law, Xiamen University, Xiamen 361000, China)

Abstract: The English translation of *Ta Tsing Leu Lee* (Qing Dynasty Law) by George Thomas Staunton holds significant historical and scholarly value in the context of translation studies and legal history. While there is currently a lack of attention and analysis on the translation of foreign-related laws among relevant studies. Therefore, the article takes the term "化外人" (Hua Wai Ren) from ancient Chinese foreign-related laws as an example and employs semantic analysis, historical analysis, and legal interpretation methods to distinguish the concepts of "化外人" and "Foreigner". With the help of translator behavior criticism theory, the article examines the translation choices and intra-translation and extra-translation behaviors of George Thomas Staunton. The aim is to clarify that Staunton's translation of the *Ta Tsing Leu Lee* was not an intentional misinterpretation of Chinese legal culture. Instead, his translation behaviors were constrained by the socio-historical conditions, which resulted in his choice of terms that were more accessible to the western readers.

Key words: George Thomas Staunton; Hua Wai Ren; *Ta Tsing Leu Lee*; Translator Behavior Criticism; History of Sino-British Relations

(责任编辑：王诗妍)

《中华人民共和国民法典》英译本中术语翻译述评*

刘祯祺　叶　洪

摘　要：《中华人民共和国民法典》（以下简称《民法典》）是新时代我国社会主义法治建设的重大成果。全国人民代表大会常务委员会法制工作委员会（以下简称全国人大常委会法工委）作为我国法律起草、翻译的专业机构，其对于《民法典》的英译本可以称得上是权威译本。但是，该译本在术语翻译方面依然存在若干不规范现象。本文从法律制度差异、中英语言差异、专业术语与普通术语的差异三方面入手，对文中存在的术语失范现象进行评述，并给出建议。望对法律术语外译的规范有所助益。

关键词：《民法典》　立法文本翻译　术语翻译

引　言

《中华人民共和国民法典》（以下简称《民法典》）是新中国第一部以"法典"命名的法律，在我国的法律体系中居于基础性地位，被誉为"社会生活的百科全书"。

目前我国国家法律以及和法律有关文献的汇编、译审工作均由全国人大常委会法工委负责。自1983年成立以来，全国人大常委会法工委组织翻译了多部法律，在外国法律的汉译以及中国法律的对外翻译方面都积累了大量的经验，取得了不菲的成就。全国人大常委会法工委版的《民法典》英译本堪称《民法典》的权威译本。

然而该译本中存在一些术语翻译不规范现象，不仅有可能会引起歧义，

---

* 本文系国家社会科学基金重大项目"美国国会涉华法案文本整理、翻译与研究（1979—2019）"（19ZDA168）阶段性成果。

造成不必要的法律纠纷；而且会损害法律的庄严性和权威性，影响到中国的法治形象塑造。本文以全国人大常委会法工委版《民法典》英译本为研究对象，将其中所出现的问题进行梳理，援引相关文献和平行文本进行分析论证，提出修改完善建议，以期推进立法文本翻译的规范化，促进中国法治建设。

一、相关研究概述

翻译原则是翻译活动必须遵循的准绳。邱贵溪（2000：14）第一次较全面地归纳并论述了法律翻译的五大原则，即使用庄严词语的原则、准确性原则、精练性原则、术语一致性原则以及使用专业术语的原则。李克兴和张新红（2006：198）根据自己在法律翻译实践过程中总结的经验探索出了法律翻译的六项应用性作业原则，分别为准确性和精确性、一致性及同一性、清晰及简练、专业化、语言规范化以及集体作业。张法连（2016：33）也认为，法律翻译有四个最基本的原则，准确严谨性、清晰简明性、前后一致性以及语言规范性。切实有效的翻译原则不仅能够在翻译过程中指导译者提高翻译质量，反过来在宏观方面也能够推动翻译理论的发展。

法律术语是法律语言作为一门技术语言最显著的语言特征，法律术语的翻译对于法律文本翻译至关重要。但不得不承认我国在立法文本术语外译方面还有很大的进步空间。屈文生（2010）曾以《汉英外事实用词典》为例，将该词典中术语翻译的不周之处概归为五点，分别为：（1）"解释性译法"处理法律术语的翻译欠妥）；（2）若干例极易混淆的法律用词未得到区分；（3）部分汉语法律用语表述欠妥；（4）部分英文的拼写不规范；（5）部分词条释译不全、被漏收或被误译。范慧茜（2017）对立法文本翻译时"未遵循术语一致性"的问题多有着墨，认为法律术语的翻译上，应该做到"同名同义同译"，即不应使用不同的法律术语翻译相同的法律概念，也不应使用相同的术语翻译不同的法律概念。此外，她认为立法文本的术语翻译中普遍存在的问题还有外来术语的回译不准确和本土术语的译名同传统上的权威翻译不一致等。隋桂岚和王彦春（2019）在其文章《〈中华人民共和国国际海运条例〉及〈细则〉中几个术语的英译商榷》还提到了单复数使用混乱影响翻译准确性的问题。

造成法律术语翻译失范现象的原因在法律翻译界也是众说纷纭。屈文生

（2012）指出法律术语译名混乱现象是法律文化交流和法律移植的副产品。Deborah Cao（2008）将术语对于法律翻译造成的问题归纳为四个方面，分别是法律概念问题以及翻译过程中法律概念的对等和不对等问题，与法律及法律制度有关的术语问题，法律语言作为技术语言普通含义与法律含义的差异问题，以及由模糊性等语言不确定性引起的术语翻译困难问题。在曹菡艾（2018）的另外一篇文章中，她将法律翻译中的困难简单地总结为法系法律差异、语言差异以及文化差异三点。董晓波（2014）通过词汇、句法、篇章三大方面对我国立法文本英译的一些翻译问题进行分析梳理，并结合法律翻译的实质指出影响和评判立法文本英译的关键因素应是交际目的、法律语言的文体特征和语用特征、不同法律体系与法律制度下的法律文化差异。

综上，在国内外学者的理论基础上，笔者将从以下三个方面评述《民法典》术语英译中出现的失范现象：（1）法律制度差异；（2）中英语言差异；（3）专业术语与普通术语的差异。

二、法律制度差异

法律翻译指对法律用语和在法律环境中使用的文本进行翻译。所以在法律翻译中，每个术语甚至每个词语不仅是语言学上的符号，而且在各自的法律体系中都代表着特有的法律文化现象（曹菡艾，2018：182）。由于法律制度的区别，在法律翻译的过程中会出现缺乏对等词或者说术语不对等的现象。术语不对等，是指由于译入语所在国与源语所在国的法律文化不同，造成双方对同一术语的理解不尽相同，导致译者在译入语中找不到对应的准确表达方式。

如中国法律体系下，陪审员是指负责参与审判活动，对事实认定、法律适用独立发表意见，参审案件进行监督，对人民法院工作提出意见和建议的公民。与英法法律制度中的"jury"陪审团有着本质的区别。虽然都称之为"陪审员"，但由于中国法律制度与英美法系对于"陪审员"一词的认知和在法律程序中扮演的角色、承担的责任完全不同，就构成了术语不对等现象，二者不可互译。

苏珊·沙切维奇（2017：207）将术语的对等程度分为接近对等、部分对等以及不对等。所谓不对等，也就是找不到功能对等词，也称为排斥。例如国内众多研究法律翻译的学者对于"plea bargaining"一词的翻译一直争论不休，归根溯源，主要在于中国的法律体系中没有"plea bargaining"一说。

如果译者缺乏相关的法律背景知识，或者忽略了法律制度的差异，就可能导致目的语受众产生歧义。

例（1）《民法典》第九百九十五条　人格权受到侵害的，受害人有权依照本法和其他法律的规定请求行为人承担民事责任。受害人的停止侵害、<u>排除妨碍</u>、消除危险、消除影响、恢复名誉、赔礼道歉请求权，不适用诉讼时效的规定。

译文：Article 995　A person whose personality rights are infringed upon has the right to request the actor to bear civil liability in accordance with the provisions of this Code and the other laws. Where the said person exercises his right to request the actor to stop the infringement, <u>remove the nuisance</u>, eliminate the danger, eliminate the adverse effects, rehabilitate his reputation, or extend apologies, the provisions on limitation periods shall not apply.

上述法律条文中将"排除妨碍"翻译为"remove the nuisance"。"nuisance"在英美法系当中表示一个人在使用其财产——通常与对土地的占用有关——时的不合理、不正当或不合法的行为，或法律规定的其他不法行为，损害或妨碍社会公众共同享有的人身或财产权利，或者妨碍他人使用土地或享受与土地有关的权利（薛波，2003：986）。

在我国的法律制度中，"排除妨碍"是一种承担民事责任的方式。既适用于侵害财产权的情况，也适用于侵害人身权利的情况。可知，"排除妨碍"与 nuisance 的适用范围不同。nuisance 只能适用于财产法，表示影响土地的使用和享有，而不能表示非土地占用原因造成的对人身权利的侵害。在上述条款中，权利人在人格权受到侵害时也可使用"排除妨碍"请求权。人格权显然不属于物权和其他财产权的范畴。

且译者在《民法典》第 236 条中将"排除妨害"也翻译成了"remove the nuisance"，俨然将"排除妨碍"和"排除妨害"混为一谈。虽然"妨碍"和"妨害"在日常生活中经常混用，但是《民法典》在吸收 2007 年《中华人民共和国物权法》时将其第 83 条中的"排除妨害"在《民法典》第 286 条第 2 款中修改为"排除妨碍"，显然是对二者做出了区分。

通过对比"排除妨碍"在《民法典》中使用的六次情形以及使用"排

除妨害"的两次情形，可以总结出在我国法律体系中，"排除妨害"请求权是公民生活中一条重要的权利，目的是消除对物权的障碍或侵害，且只能适用于对于物权的侵害，不同于"排除妨碍"。这也不符合范慧茜（2017）曾提出的法律术语的翻译要遵循"同名同义同译"的规则。综上，"排除妨碍"的"妨碍"译为 nuisance 不妥。

虽然找不到完全对等词，但沙切维奇认为，在不对等的情况下，受限制的源语术语在译入语法律制度中找不到功能对等词，译者必须主动地选择等效对等词（Sarcevic，1997：221）。通过查阅相关资料，可知"排除妨碍"的"妨碍"指的是阻碍权利人正常行使权利，此时侵害人可以排除或请求人民法院强制排除，以保障权利正常行使。因此我们可以使用中性词"interference"来表示这种阻碍的意思。《弗吉尼亚法典》和《加利福尼亚州民法典》也都有用"interference"来表示阻碍权利人行使权利的表达。

《弗吉尼亚法典》第 18.2-121 条表述如下：

> It is unlawful for any person to enter the land, dwelling, outhouse, or any other building of another for the purpose of damaging such property or any of the contents thereof or in any manner to <u>interfere with the rights of the owner, user, or occupant thereof</u> to use such property free from interference.

《加利福尼亚州民法典》第 52.1 条 Interference with Exercise of Civil Rights 也使用了 interfere：

> Any individual whose exercise or enjoyment of rights secured by the Constitution or laws of the United States, or of rights secured by the Constitution or laws of this state, <u>has been interfered with</u>, or attempted to <u>be interfered with</u>, as described in subdivision (a), may….

但应注意，虽然"obstruction"也能表示阻碍，但在美式英语中大多数情况下表示妨碍司法机关在司法过程中行使司法权，而非妨碍个人行使权利。在美国，"obstruction of justice"指给检察官、警务人员提供虚假信息、拒绝提供证据或者通过伤害或威胁证人、陪审团成员，影响法律秩序和公平正义而构成一项刑事犯罪。

澳大利亚昆士兰州 2001 年关于税务改革的立法《2001 年税务管理法》

(*Taxation Administration Act* 2001)中第126节规定：

> A person must not, without reasonable excuse, obstruct—the commissioner or an investigator exercising a power under a tax law….

现如今，obstruct 表示妨碍权利行使的适用范围也在不断扩大。但无论如何，obstruct 很少用来表示阻止个人行使其人身权或者财产权。因此，用 interference 来翻译"排除妨碍"中的"妨碍"更妥当。

值得称赞的是，无论是"排除妨害"还是"排除妨碍"的"排除"都使用了"removal"，而没有翻译成"abatement of nuisance"。虽然英美法系中的确存在"abatement of nuisance"制度，且翻译成中文时表述成"排除妨害"，但与我国的"排除妨害"制度具有本质上的差别。我国的"排除妨害"是权利人在自己的权利受到侵害后可以行使的一种请求权。如果妨害人在收到请求后拒绝或没有停止妨害，权利人可向司法机关寻求救济。我国一般不提倡进行私力救济。如果处理不妥，极易产生纠纷或构成侵权。而在英美法系中，妨害一般可由被妨害人自行排除。针对某些类型的公共妨害，除收到特定损害的人可以加以排除外，公共权力机关还可以向权利人发出和执行排除妨害通知。可见，相同或者相似的情形，在不同法律体系下具有不同的处理方式，那么就视为具有不同的法律内涵。

三、语言差异

汉语属于汉藏语系，是孤立语的典型代表。英语属于印欧语系，体现了屈折语语言结构的特点。它们在发音、构词法、句法、修辞形式以及谋篇布局方面都有各自的规律和特点，两者之间虽不乏相通之处，但也存在着明显的差异。汉语与英语的语言差异对于法律术语翻译的影响主要体现在两个方面，分别是"形态变化"以及"词义范畴"。

（一）形态变化

我们常说，英语语法意义是显性的（explicit），即是通过词的形态变化反映出来的。而汉语语法意义是隐形的（implicit），即不是通过形态变化未反映，而是通过词序，尤其是语境来表达意义的（蔡基刚，2008：350）。由于英语语法信息的标志是强制性的，所以在中译英翻译过程中，译者往往需要对上下文进行研读，并依靠自身语言功底，对时态、数、性别、人称或格作出判断。一旦判断失误，与原文想表达的意思大相径庭，造成的后果非同小可。

例（2）《民法典》第三百九十二条　被担保的债权<u>既有物的担保又有人的担保</u>的，债务人不履行到期债务或者发生当事人约定的实现担保物权的情形，债权人应当按照约定实现债权；……

译文：Article 392　Where a claim is secured by <u>both a collateral and a surety</u>, and the debtor fails to perform his obligations due or any event upon which a security interest is to be enforced as agreed upon by the parties occurs, the creditor shall enforce the claim in accordance with the agreement....

首先，collateral 作抵押品、担保品讲时意为"Property that is pledged as security against a debt"（Bryan，2004：787），是一个不可数名词，不能加 a，也不能用作复数。

其次，虽然 surety 做担保人时是一个可数名词，但是 1995 年《中华人民共和国担保法》第 12 条规定了共同保证，也就是说在我国，允许在同一个担保中有多个担保人共同存在。如果 surety 在这里用单数的话，就会造成歧义，将本条款的条件限定为，被担保的债权在有物的担保和有且仅有一个担保人的情况下，才会按照以下规定的方式实现债权。

为了避免以上歧义的发生，在表述时一定要非常谨慎。在分辨不出单复数，且有不可数名词作为替代的情况下，最好使用不可数名词。不可数名词可以泛指某类东西，隐约地表示"任何数量的"或者"任何程度的"。比如以上表达就可以修改为"by both real security and personal security"，既可以表示一个物和人的担保，也可以表示多个物和人的担保。如果没有不可数名词作为替代，且名词的单复数不同会使读者形成不同的理解，造成实质性问题时，可以增补替代词（alternatives），以扩大源语名词的内涵，使得译入语名词单复数都具有法律效力（Roslyn，2015：21）。据此，上述表达可以修改为"by both collateral and surety or sureties"。总之，名词单复数问题是法律翻译汉译英中令译者最防不胜防，也是采用恰当策略就可以迎刃而解的问题。但极考验译者的法律功底和语言感知能力，需要多加注意。再比如：

例（3）《民法典》第四百六十九条第二款　<u>书面形式</u>是合同书、信件、电报、电传、传真等可以有形地表现所载内容的形式。……

译文：Article 469　A writing refers to any form that renders the content contained therein capable of being represented in a tangible form, such as a written agreement, letter, telegram, telex, or facsimile….

writing 这个词的确非常令人迷惑，因为 writing 在表示不同的意思时，是否可数也会发生变化，有时可数，有时不可数。in writing 为习惯搭配用法，所以大多数的词典都将"书面形式"列为"writing"的一种单独义项。但很少有词典对 in writing 的"writing"本来的内涵进行解释。笔者查阅了众多词典，只有《柯林斯 COBUILD 高阶英汉双解学习词典》对此进行了标注。《柯林斯词典 COBUILD 高阶英汉双解学习》（柯林斯出版公司，2015：2321）认为，in writing 的"writing"表示"something that has been written or printed"，含义同（写下或印出的）文字，为不可数名词。所以 Writing 在表示书面形式时不可加 a。

(二) 词义范畴

相对英文而言，中文的词义更为模糊，含义的范围也更广。英语单词含义范围比较窄，对事物概念化表现出单一性、细致性和准确性。正如连淑能指出的"精确性是西方近代思维方式的一大特征。西方近代实验科学注重对事物分门别类、分析解剖，重视定量分析和精确计算"。在某种程度上，英语对事物分类的更细，对事物的命名较之汉语更为准确（蔡基刚，2008：39）。

在上文中，我们提到了将"排除妨碍"的"妨碍"翻译为"interference"，而不能翻译成"obstruction"。虽然 interference 和 obstruction 都表示阻碍，但其各自的适用范围和搭配对象并不相同。相对英文而言，中文的"阻碍"含义范围要更为广泛，其既能表示"阻碍国家机关行使权力"也能表示"阻碍个人行使权利"。但是在英文中，当搭配的词汇不同，也就是适用的语境不同时，就需要适用不同的词汇。也就是说英语不需要语境，单凭这两个词就可以判断究竟是"阻碍权力"还是"阻碍权利"。而在中文中，我们需要根据上下文的语境才能知道，"阻碍"的究竟是国家机关及其相关人员行使权力还是普通公民行使权利。

在翻译过程中，当目的语为范畴更窄的英文法律语言时，中文词汇的宽泛性会促使译者不得不"化粗为精"。这对译者提出了更高的要求，要求译者不仅要具有语言技能，还要有足够的法律知识，能够在文本发生语义模糊或者原文不明的情况下进行"解释"。但是法律翻译者不能逾越自己的权限，只能在法律的含义之内解释文本（Sarcevic，1997：87）。一旦译者在"解释"的过程中理解错误，超越了法律含义的界限，就会使得目标受众的理解随着译文一起偏离原意，使法律丧失了其最基本的约束力。

例（4）《民法典》第二百一十六条 不动产登记簿是物权归属和内容的根据。

不动产登记簿由登记机构管理。

译文：Article 216 The register of immovable property is the basis for determining the attribution and contents of the real rights in immovable property.

The register of immovable property shall be kept by the registration authority.

"管理"一词在不同的语境下词义也不尽相同。例如管理公司的"管理"表示经营、组织；管理时间的"管理"表示对时间的有效运用；管理学生的"管理"就是"约束和规范"；管理印章、文件的"管理"就是"掌管、使用"等；图书管理的"管理"意思又有不同，指的是对图书整理、编码、上架等……虽然都是"管理"，但含义不尽相同。"管理"的多样使用体现了中文的博大精深，词义涵盖范围极其广泛。但对于译者来说，要意识到这个词汇的特殊性，根据上下文判断其精准意思再进行翻译，并非易事。

通过了解相关信息，可知我国的不动产统一登记机构——国土资源管理部门的职责不仅包括保管，即将不动产登记簿放置在固定的地点，保证任何人不得损毁，还包括依法将各类登记事项准确、完整、清晰地记载于不动产登记簿上。

而"keep"的意思为"have or retain possession；put or store in a regular place"，（Pearsall *et al*.，2013：1186）仅有保管、存放的意思。因此，用 keep 表示不动产登记簿的管理并不能完整地表达原文的意图，属于译者对原文本的狭窄解释，建议修改为 manage。

以下这个例子不仅体现了中英文语法差异，也体现了中英文词义的差别对译者带来的影响，请看：

例（5）《民法典》第三百九十八条 以乡镇、村企业的厂房等建筑物抵押的，其占用范围内的建设用地使用权一并抵押。

译文：Article 398　Where a factory premise or any other building of a township or village enterprise is mortgaged, the right to use the lot of land in the area occupied by the building for construction purposes shall be concomitantly mortgaged.

虽然 premises 也翻译成建筑物、房屋，但此房屋非彼房屋。《新牛津英汉双解大词典》（Pearsall *et al.*，2013：1729）对 premises 的解释为"a house or a building together with its land and outbuildings, occupied by a business or considered in an official context"。可以很清楚的看出 premises 不仅表示建筑物本身，还包含建造建筑物的地块。如果按照译文进行表述，"a factory premise is mortgaged"就相当于"buildings and the land are mortgaged"。此处并未特别表明抵押标的"land"到底抵押的是所有权还是建设用地使用权。而《民法典》第399条规定土地所有权不得抵押。这就会对不了解中国文化的英语国家受众造成误导，认为中国的土地所有权是可以抵押的。

此外，premise 作单数的时候，只能表达"A previous statement or contention from which a conclusion is deduced"（Bryan，2004：3741），对应中文的"前提"一词。premise 只有复数形式才能表示房产，即 premises。不过虽然 premises 是复数形式，但是通常会与 the 连用，且当单数使用，可用来表示一处建筑或土地。

四、专业术语与普通术语的差异

当术语被赋予的法律意义与该术语在日常生活中所指向的对象联系甚微甚至毫无关联时，术语含义就会发生冲突。例如"infant"在普通术语中表示婴儿，而在法律英语中，刚出生的孩子至21岁的青年都可以称为 infant。这一类词汇通常十分令人迷惑，因此需要译者十分小心，切忌望文生义，不然极易犯错，造成词义混乱。

例（6）《民法典》第二百四十三条第二款　征收集体所有的土地，应当依法及时足额支付土地补偿费、安置补助费以及农村村民住宅、其他地上附着物和青苗等的补偿费用，并安排被征地农民的社会保障费用，保障被征地农民的生活，维护被征地农民的合法权益。

译文：Article 243　In the case of expropriation of collectively-owned land, land compensation fees, resettlement subsidies, and compensation fees for rural villagers' dwellings and other ground attachments as well as young crops shall be paid in full in a timely manner in accordance with law, and social security premiums of the farmers whose land has been expropriated shall be arranged, their lives secured, and their lawful rights and interests safeguarded.

上述翻译将附着物翻译为"attachments"。看起来似乎没有什么问题，attach 有连接，附加的意思，attachment 在普通英语中的用法也解释为 "an extra part or extension that is or may be attached to something to perform a particular function"，即附属，附属物（Pearsall et al., 2013：125）。然而在法律英语中，《布莱克法律词典》（Black's Law Dictionary）对 attachment 的解释只有（1）扣押：The seizing of a person's property to secure a judgment or to be sold in satisfaction of a judgment. （2）拘禁：The arrest of a person who either is in contempt of court or is to be held as security for the payment of a judgment. （3）扣押令或拘禁令：A writ ordering legal seizure of property (esp. to satisfy a creditor's claim) or of a person. （4）担保权益的发生：The creation of a security interest in property, occurring when the debtor agrees to the security, receives value from the secured party, and obtains rights in the collateral（Bryan, 2004：388），并没有"附着物"之意。在英格兰古法中，"court of attachments"指皇家园林扣押法庭，指依据有关森林法建立的审理与林地相关之案件的法庭。且地上附着物，在中国法律体系中包括在土地上建造的一切建筑物，构筑物及地上定着物，如花草树木，铺设的电缆等，不符合 attachment 为土地另外一部分或者延伸（an extra part or extension）的定义。综上所述，"地上附着物"翻译为 attachment 不妥。而在相关的英语法律文本如《1925 年美国财产法案》（Law of Property Act 1925）对此的相关表述为"Chattels which have become attached so as to form part of the land are known as fixtures"，可见，"附着物"在立法文本中恰当的表达方式应为"fixtures"。

再比如，《民法典》第 345 条规定：

例（7）《民法典》第三百四十五条　建设用地使用权可以在土地的

地表、地上或者地下分别设立。

译文：Article 345　　The right to use a lot of land for construction purposes may be created separately <u>on the surface of, above, or below the lot of land.</u>

普通英语对 land 一词的界定非常宽泛。根据《新牛津英汉双解大词典》(Pearsall *et al.*, 2013: 1225) 的释义，land 的定义为 "the part of the earth's surface that is not covered by water, as opposed to the sea or the air"。法律语言与其他语言最大的区别就是其严谨性和准确性。法律条文的每一个词、每一个字，甚至每一个标点符号，均需反复推敲，稍有不慎，即可产生失误，造成严重后果，影响市民权益（李克兴、张新红，2006: 203）。

《1925 年美国财产法案》(*Law of Property Act* 1925) 将 "land" 定义为 "Land includes land of any tenture, and mines and minerals, whether or not held apart from the surface, buildings or part of buildings (whether the division is horizontal, vertical or made in any other way) and other corporal hereditaments; also a manor, an advowson, and a rent and other incorporeal hereditaments; and an easement, right privilege, or benefit in, over or derived from land…"《布莱克法律词典》对 "land" 的解释为 (1) An immovable and indestructible three-dimensional area consisting of a portion of the earth's surface, the space above and below the surface, and everything growing on or permanently affixed to it. (2) An estate or interest in real property (Bryan, 2004: 2788)。通过两个权威文本的定义可以看出，法律对于术语的定义和使用可谓是精益求精。land 不仅包含我们日常英语中所理解的地面，还包括地上而且包括地表以上及以下的部分，甚至是包括所有土地上生长的部分及永久附属物。那么我们就可以认为法律英语中的 "land" 为一个柱形三维空间。既然是三维空间，那么何来 above 或者 below 呢。

再来看在英语国家立法文本中，对于相同概念的表达。《魁北克民法典》(*Civil Code of Quebec*) 是英美法系国家加拿大所制定的一部具有大陆法系特征的民法典。《魁北克民法典》第 951 条对于土地所有权的规定为：

Ownership of the soil carries with it ownership of what is above and what is <u>below the surface.</u>

The owner may make such constructions, works or plantations <u>above or below the surface</u> as he sees fit; he is bound to respect, among other things, the public rights in mines, petroleum, sheets of water and underground streams.

《日本民法典》第 207 条关于土地所有权的范围规定为：

Ownership in land shall extend to <u>above and below the surface of the land</u>, subject to the restrictions prescribed by laws and regulations.

综上，在立法文本中，land 一词的定义要比普通英语中限定的范围精确很多，因此使用该词时也应该倍加小心，以免引起歧义。"地上和地下"应翻译成"above or below the surface of the land"。

五、结语

从本质上讲，法律翻译是法律迁移和语际迁移同时进行的双重工作。要想使得译文与源文本具有相同的法律效力，就必须用与起草法律同样精益求精的精神做好翻译工作，避免翻译不规范现象影响法律的准确性和权威性。

"行远自迩，登高自卑。"译者必须加强自身法律知识积累，特别是不同国家法律体系和法律制度之间的差异；具备深厚的语言功底，熟练掌握英汉两种语言的使用规律、文体特点；增进对法律术语的了解，尤其是具有排他性的专门涵义术语以及使用普通词汇表示法律涵义的术语。也期望国家有关职能部门和关注法律翻译的专家学者予以重视，深入讨论，共同提升我国立法文本翻译的质量，促进法律翻译的规范性。

最后，虽然全国人大常委会法工委版《民法典》英译本在术语翻译中仍有上述瑕疵，但总体上瑕不掩瑜，可以算得上是一部上乘之作。本文旨在与编者商榷探讨，如有不周之处，还望专家指正。

参考文献：

[1] Cao, D. *Translating Law* [M]. 上海：上海外语教育出版社，2008.
[2] Garner, B, A. *Black's Law Dictionary*（8th Edition）[M]. Thomson Reuters, 2004.

［3］ Mcdonald, R. *Legal Drafting: A How to Guide* [M]. Australia: Lexis Nexis Butter-worths, 2015.

［4］ Pearsall *et al.*. 新牛津英汉双解大词典（第二版）[M]. 上海：上海外语教育出版社, 2013.

［5］ Šarčević, S. *New approach to legal Translation* [M]. Hague: Kluwer Law International, 1997.

［6］ 蔡基刚. 英汉词汇对比研究 [M]. 上海：复旦大学出版社, 2008.

［7］ 曹菡艾. 作为实践的法律翻译与作为学科的法律翻译 [A]. 屈文生. 法律翻译研究 [C]. 上海：上海人民出版社, 2018：175-186.

［8］ 董晓波. 我国立法文本规范化英译若干问题探究 [J]. 外语教学理论与实践, 2014（3）：84-90+97.

［9］ 范慧茜.《中华人民共和国著作权法》若干法律术语英译商榷 [J]. 中国翻译, 2017（1）：98-103.

［10］ 柯林斯出版公司. 柯林斯 COBUILD 英汉双解学习词典（第八版）[M]. 北京：外语教学与研究出版社, 2017.

［11］ 李克兴, 张新红. 法律文本与法律翻译 [M]. 北京：中国对外翻译出版公司, 2006.

［12］ 邱贵溪. 论法律文件翻译的若干原则 [J]. 中国科技翻译, 2000（2）：14-17.

［13］ 屈文生.《汉英外事实用词典》若干法律术语英译商榷 [J]. 中国翻译, 2010（4）：80-85.

［14］ 屈文生. 中国法律术语对外翻译面临的问题与成因反思——兼谈近年来我国法律术语译名规范化问题 [J]. 中国翻译, 2012（6）：68-75.

［15］［美］苏珊·沙切维奇. 法律翻译新探 [M]. 赵军峰等译. 北京：高等教育出版社, 2017.

［16］ 隋桂岚, 王彦春.《中华人民共和国国际海运条例》及其《细则》中几个术语的英译商榷 [J]. 中国翻译, 2019（2）：139-148.

［17］ 薛波. 元照英美法词典 [M]. 北京：法律出版社, 2003.

［18］ 张法连. 法律英语翻译教程 [M]. 北京：北京大学出版社, 2016.

收稿日期：2023-06-02

作者信息：刘祯祺，中铁十二局集团第一工程有限公司翻译，研究方向为法律翻译。电子邮箱：465147878@qq.com。

叶洪，中国政法大学外国语学院教授，硕士生导师，研究方向为法律语言学。电子邮箱：kaikai99330@163.com。

A Review of the Terms Translation in the English Version of *the Civil Code of the People's Republic of China*

LIU Zhenqi[1], YE Hong[2]

(1. The 1st Engineering Co., Ltd. of China Railway 12th Bureau Group, Xi'an 710038, China; 2. China University of Political Science and Law, Beijing 100088, China)

Abstract: The *Civil Code* is one of the significant achievements of China in the new era while pursuing the development of the socialist rule of law. The English translation of the *Civil Code* by the Legal Affairs Commission of the National People's Congress (NPC), a professional law drafting and translating organization in China, can be regarded as a legal writing of authority. However, there are still some terms improperly used in this version. This paper comments on those terms and analyzes the reasons from the aspects of the differences in legal systems, linguistic disparities, and the differences between specialized and common terms, and gives suggestions accordingly, in the hope that it will be helpful to promote the standardization of legal terminology translation.

Keywords: Civil Code; Legal Translation; Terminological Translation

（责任编辑：周姗姗）

法治文化研究

做好中华学术外译，助力对外法治传播*

孙平华

摘　要：国家社科基金中华学术外译项目的设立是国家实现中国文化"走出去"的战略决策。围绕这一决策，本文试图探讨如何做好中华学术外译项目，通过案例研究与数据分析，对项目年度立项情况、（法学类）国家推荐选题与立项分析、译者与各方关系、海外出版选题及出版协议、项目流程等五个方面展开了深入的讨论，研究发现要想做好中华学术外译项目必须从原著选取、海外出版协议、课题论证等多个方面提前做好准备，而且项目主持人也要不断进行学术积累、提升翻译水平、熟悉项目流程，以便能顺利做好中华学术外译项目。这一研究发现对项目申报者具有重要的启发作用，对促进中华学术走向世界、建构中华国际学术话语体系、助力对外法治传播都具有重要的战略意义。

关键词：中华学术外译　推荐选题　课题论证　项目立项　法学类　成果推广

一、引言

随着我国经济的快速发展，国家综合实力进一步增强，而作为国家"软实力"的对外文化研究与传播，却与我国的国际大国角色极不适应。我国面临的一个亟待解决的问题，就是如何将中国学术推向世界，从而增强我国在国际学术界的话语权，扩大我国学术成果在国际学术界的影响力。为此，在全国哲学社会科学规划办公室（现更名为"全国哲学社会科学工作办公室"，以下统称现名）的具体领导下，2010年设立了国家社科基金中华学术外译项目（以下简称中华学术外译项目）。该项目的设立，与同年设立的"国家哲

---

* 本文系作者所主持的2020年度"教育部哲学社会科学研究后期资助项目"——"国际人权话语中的中国声音研究"（重大项目，项目批准号20JHQ010）的阶段性研究成果。

学社会科学成果文库"一样,成为与国家社科基金重大项目、重点项目、一般项目、青年项目、西部项目、后期资助项目并列的国家社科基金项目下的一个名目。正如《2019年中华学术外译项目申报公告》(以下简称申报公告)所述,该项目的设立宗旨就是"深化中外学术交流和对话,进一步扩大中国学术的国际影响力,提升国际学术话语权,让世界了解'哲学社会科学中的中国'"(全国哲学社会科学工作办公室,2019)。

笔者2012年和2014年所主持的两项中华学术外译项目课题获批立项。在两个中华学术外译项目的研究过程中,经历了一些挫折,也积累了一些经验。涉及的内容包括:项目申报的前期准备与论证、项目的研究与成果翻译、项目的结项准备与成果出版、项目成果的宣传与推广等。另外,还涉及到与外方出版社选题合作的事宜、国家申报政策的调整和动态变化等。而这些环节和流程又是学界认识中华学术外译项目的基本依据,也是做好该项目的前提条件。为此本文试图以"做好中华学术外译,助力对外法治传播"为主题展开讨论。

二、文献综述

中华学术外译项目自2010年设立以来,不仅面临着许多困难,也存在个别不同的声音,如广州外语外贸大学王友贵老师从翻译需求分析出发,得出的结论是:"与其轰轰烈烈地开展'中华学术外译',不如进一步提升中国的国力,包括提升'中华学术'的整体品质,同时有意识地在目标国家培育需要,持续不断地培育。"(王友贵,2013:76)尽管如此,该项目的设立还是受到学界认可和高度评价,并受到我国出版机构和学者的欢迎。并且有不少学者对该项目的有关情况进行了研究,其中,全国哲学社会科学工作办公室副主任杨庆存教授在《中国翻译》上刊发了文章,介绍了中华学术外译项目的基本情况、实施反响,提出了中国学术走出去的几点思考,进而提出了个人的认识、建议与期待(杨庆存,2014)。这是我国中华学术外译项目研究的基础性文献,该作者作为中华学术外译项目的具体领导者,对该项目有着宏观的整体把握和系统的深入了解,也给出了具体的建议和指导原则。

较早关注中华学术外译项目的学者李雪涛教授认为"这一项目(中华学术外译项目)实施三年来,为中国学术的海外传播做出了巨大贡献"(李雪涛,2014),他还分析了该项目所存在的问题,并针对如下几个问题提出了具体意见：(1) 如何统筹，如何规划？(2) 翻译什么，如何选题，谁来选题？(3) 谁来翻译，如何翻译？(4) 谁来出版，谁来发行？譬如，在谈到怎样选题时，他认为"国家哲学社会科学成果文库"是我国哲学社科领域的集大成成果，应该成为外译项目选题的主体部分，应该有计划地将文库成果外译出去。他的这一看法还是比较客观的，"成果文库"的确是我国在国家层面所重点打造的一批优秀成果。

张威（2015）《我国翻译现状考察——基于国家社科基金项目（2000—2013）的统计与分析》对国家所设立的八大国家社科项目（重大项目、重点项目、一般项目、后期项目、青年项目、西部项目、外译项目、文库项目）进行了分析研究，从前四年的立项情况分析了中华学术外译项目的发展趋势，并指出了该项目所存在的现实问题。同时，在中宣部和全国哲学社会科学工作办公室的具体策划下，《光明日报》于 2015 年 7 月 17 日刊发了记者曲一琳的一篇综合报道，题目是《中国声音 世界回响》，该报道对中华学术外译项目设立五年来的情况进行了较为全面的综述报道。《光明日报》记者在撰写这篇综合报道时，曾经电话采访过笔者。在这篇包含 26 段内容的报道有中三次提及笔者的中华学术外译项目成果，其中一段这样写道："'国家高度重视，使得外译项目成果的学术影响力日渐扩大。'《中国特色社会主义人权保障制度研究》项目负责人、中国政法大学教授孙平华感慨道，'中国学者亦应积极创造机会并利用多种渠道扩大其成果的学术影响力，包括开设海外课程、参与国际学术会议等。'"（曲一琳，2015）并且在这篇综合报道的最后一段这样写道："2014 年，孙平华申请了第二个外译项目'历史性共同标准的达成——张彭春与世界人权宣言'，'中国社科学者要抓住机遇、勇挑重担，让更多更好的成果走向世界，为在国际学术界和东西方文化交流中构筑强有力的中国话语体系而不懈努力。'"（曲一琳，2015）这段话的前半部分提及笔者所获批立项的第二个中华学术外译项目，这段话的最后部分引用了笔者在被采访中所讲的一句话，这句话也作为本篇综合报道的结束语，表达了对中国社科学者（包括哲学社会科学和人文社会科学学者）的殷切期待。

近几年来，中华学术外译项目引起学界的广泛关注，有关该项目的发展情况引起不少学者的研究兴趣。2016 年《上海翻译》刊发了滕梅和赵瑞芳老师的论文《传播好中国声音——从歌德学院谈对外文化机构的图书外译》（滕梅、赵瑞芳，2016）。2018 年有多位学者对中华学术外译项目展开了研究，青岛科技大学外国语学院尹洪山在《出版科学》刊发了《国家社会科学基金中华学术外译项目调查分析》（尹洪山，2018）、河北大学新闻传播学院任文京在《中国出版》刊发了《"一带一路"视域下中华学术外译项目现状与推进路径》（任文京，2018）、重庆邮电大学外国语学院刘巧玲在《装备制造与教育》上刊发了《"中华学术外译项目"2010—2017年立项现状统计分析》。其中，刘巧玲采用文献法和统计分析法，对 2010—2017 年间立项的 687 项中华学术外译项目进行统计分析，从立项数量、文版语言、学科类别和项目负责人四个角度回顾了该项目的发展历程并剖析了可能存在的问题，该项研究发现：中华学术外译项目立项数量逐年上升，但仍需继续增长；文版语言以英文为主；小语种尤其是"一带一路"沿线国家语言有更大发展空间；学科类别多样，但经济学、历史、哲学占主体地位；儿童文学、少数民族文化及中医文化相关文本可适当增加；项目负责人集中于一流高校和出版社，反映了"资本"的综合作用。日后的项目申报人应加强自身"资本"积累（刘巧玲，2018）。该文结论部分中关于对项目负责人的分析认识以及对项目申报者的知识积累的强调是值得肯定的。

另外，广东技术师范大学国际交流与合作处张艳和华南理工大学出版社何丽云合作在《科技与出版》上刊登了《中国学术著作外译与传播能力提升策略——以国家社科基金"中华学术外译项目"为例》（张艳、何丽云，2018）、王伟对 2010—2016 年中华学术外译项目成果的引用情况及学术影响进行了研究（王伟，2019），陈盼也对 2013—2017 年中华学术外译项目的立项情况进行了评述，并对该项目未来发展前景提出了三点建议（陈盼，2019）。姚斌和 Ursula Deser Friedman 也在《中国翻译》杂志发文探讨了"中文社科文献外译的挑战、对策与建议"（姚斌、Ursula Deser Friedman，2019）。

然而，上述研究尽管对我们认识中华学术外译项目的整体情况有一定的帮助，如该项目每一年的立项情况、获批立项的申报者的情况等，但这些文章对申报者的申报、论证、结项、出版、成果对外宣传与传播等的论证极少涉猎，而这些内容又是做好中华学术外译项目的关键，也是当前学者和学界关注的焦点问题。为此，本文试图从帮助申报者的角度来探讨如何才能做好中华学术外译项目，以有利于促进和落实好该项目申报准备（如海外出版社图书选题申报）和选题论证工作，把握项目进展的各个环节的要求以及如何宣传推广成果等。

三、研究设计

自2010年至今，中华学术外译项目设立已逾10年，针对这一项目设立与发展十多年来的全面系统研究还极为缺乏。本研究将系统整理与统计分析中华学术外译项目立项与发展情况，侧重以法学类项目为例对国家选题推荐、立项情况进行分析，为将来的选题申报及项目申报提供依据。研究数据有利于客观认识与把握中华学术外译项目的整体发展情况及发展趋势，明确相关选题目标，为出版社与译者联合申报提供可靠的信息资源，为促进该项目的成功申报提供指南。同时，也为最终顺利实现国家中华文化和中国学术"走出去"战略目标、成功建构适合我国国际大国地位相当的国际学术话语体系提供借鉴。

（一）研究方法

本文在对2010—2019年中华学术外译项目的立项情况进行系统分析的基础上，借助案例研究的方法，对法学类国家推荐选题与立项情况加以分析，并对海外出版社选题申报、海外出版社出版协议、项目流程等开展系统的探讨。

（二）案例选取

笔者曾在2012年申报获批了"中国特色社会主义人权保障制度研究"（批准号：12WFX001），在该项目成果 Human Rights Protection System in China (Sun, 2014) 出版结题后，笔者于2014年再次获批第二项中华学术外译项目，课题名称是"历史性共同标准的达成：张彭春与世界人权宣言"（批准号：14WFX005），该课题于2018年8月份结项。两部成果由德国著名出版公司施普林格出版社推向国际学界，并产生了一定的国际影响力。其中，第一部外译成果出版后在国际重大外交场合发挥了一定作用，该成果已经销往120多个国家和地区，并已被数十位不同国家和地区的学者所引用。《中国法学》（英文版）执行主编王灏老师在论及中华学术外译项目时，评价了笔者的这项成果，他认为该书"介绍了中国人权保障事业取得的显著成绩，将中国的人权理论研究和人权实践发展结合起来，丰富了中国在国际人权交往对话中的话语"（王灏，2018）。他接着简要介绍了罗豪才教授、陈安教授、王利民教授、韩大元教授、张新宝教授和蔡定剑教授的外译成果，他认为上述外译成果"是法律文化走出去的优秀成果代表，这些法律精品文献以外文版形式将中国法学的声音传播到世界，'中法西传'取得了史无前例的成效"（王灝，2018）。

笔者（Sun，2018）的第二项中华学术外译项目成果 *Historic Achievement of a Common Standard*：*Pengchun Chang and the Universal Declaration of Human Rights* 也已经引起国内外学界的关注，中国社会科学院荣誉学部委员刘海年教授认为这部著作："不仅在国内而且在国际人权领域，都是一部开拓性的重要研究成果。它的出版，对弘扬中华文化，增进我国人权建设制度自信、理论自信，以及国际人权交流与合作，都将产生深刻影响。"（Liu，2018）德国外交事务研究所专家 Frédérick Krumbei 博士，在所撰写的书评中将该书与瑞典学者汉斯教授的书相对照，发表在剑桥大学出版社出版的《政治述评杂志》（Krumbei，2019）。联合国日内瓦办事处人权高专编辑部主任（Ahmad Azadi）看到本书后，于2018年11月23日邀请笔者提供最能概括张彭春人权观的经典言论。国际学界阅读了本书后，先后两次邀请笔者赴英国牛津大学参加国际学术会议，其中，2018年7月在牛津大学基督堂学院所做大会主题报告（Sun，2019a），系该次国际学术会议上所做的三大主题报告之一，赢得了国际学界的赞誉，并成为《人的尊严宣言》我国惟一的原始签署人。上述学术影响力的取得，无疑是与笔者所撰写出版的两部中华学术外译项目成果"走出去"分不开的。

而每一项中华学术外译项目，从选题论证与申报、项目研究与翻译、成果审核与结项、成果出版与推广等各个不同环节，都会出现一些新问题和新情况，只有积极努力、顺利解决各个不同环节所面临的困难和问题，才能圆满完成结题任务，最终推出结项成果，并借助国际主要发行渠道，将成果传播出去，在国际学界发出中国学者的声音。本文正是基于上述两个中华学术外译项目研究的经历，并结合笔者所完成的第二项中华学术外译项目成果以及2019年最新的申报政策及相关表格要求而做的案例分析。

（三）研究结果及数据

通过案例分析，对中华学术外译项目年度立项情况、（法学类）国家推荐选题与立项分析、译者与各方关系、海外出版选题及协议、项目流程（包括项目论证与申报、项目评审与立项、项目成果鉴定与出版、项目结项与推广等五个方面）展开了深入的讨论，以期能够为准备申报该项目的申报者在如何做好中华学术外译项目方面提供借鉴和参考。

四、数据分析与讨论

本部分首先根据2010—2019年立项情况的现有数据，对中华学术外译项目的年度立项情况加以统计说明，然后对历年法学类立项情况尤其是2015—2019年国家推荐选题目录中法学类立项情况加以讨论，接着对译者与其他各方的关系进行分析，并对海外出版社出版协议及项目流程等加以剖析。对于项目流程的分析与讨论对认识如何做好中华学术外译项目，助推中国（法治）文化"走出去"有着重要的现实意义。

（一）中华学术外译项目年度立项分析（2010—2019）

中华学术外译项目发展是极为稳健的。该项目2010年开始设立，当年获批项目13个，其中个人主持申报立项3项，出版社申报立项10项（高等教育出版社3项、社会科学文献出版社5项和中国人民大学出版社2项）。

2011—2014年每年评审两批，立项总数逐年增加。其中2011年立项分成10个大的学科门类共40项，其中经济学11项、法学5项、社会学4项、国际问题研究4项、中国历史4项、宗教学1项、图书文献学1项、管理学3项、教育学2项和其他2项。该年度以出版社主持申报为主，获批34项，占立项总数的85%；个人主持申报为辅，获批6项，占立项总数的15%。从出版社主持申报获批立项的情况来看，社会科学文献出版社13项、外语教学研究出版社10项、中国人民大学出版社7项、高等教育出版社2项、广东人民出版社1项和《中国经济学人》编辑部1项。上述数据表明中华学术外译项目自设立之初，就引起了出版界的极大关注，并且出版社申报获批的立项数占绝大多数，而学者个人申报获批立项的却占很小的比例。

2012年第一批立项34项，第二批立项39项，合计73项。2013年第一批立项29项，第二批立项38项，合计67项。这两年虽然在申报时都填写了申报学科，但在最后公布立项时，尽管立项编号进行了学科区分，但并未在立项名单中明确立项所属学科，这主要是因为每批立项数目有限，涵盖的学科也不够全面。而2014年虽然也是分为两批立项，第一批41项，第二批45项，但总体数目（批准86个立项）与往年相比进一步扩大，因此在立项名单中学科门类也进一步得以明确，并进一步扩展到19个学科门类。本年度立项涉及到马列/社科（4项）、哲学（9项）、理论经济（8项）、应用经济学（4项）、政治学（8项）、法学（5项）、社会学（6项）、宗教学（2项）、民族问题研究（3 项）、中国历史（12 项）、世界历史（1 项）、国际问题研究（2 项）、考古学（1 项）、中国文学（14 项）、新闻学与传播学（1 项）、教育学（2 项）、艺术学（1 项）、语言学（1 项）和管理学（2 项）。这样，不仅在申报时要明确学科归属，而且在立项名单中也明确学科归属，为之后的年度立项建立了规范。

表 1　中华学术外译项目 2010-2019 年立项一览

年份	2010	2011	2012	2013	2014	2015	2016	2017	2018	2019
第一批		13	34	29	41					
第二批		27	39	38	45					
总数	13	40	73	67	86	113	130	165	185	154
合计	13	53	126	193	279	392	522	687	872	1026

自 2015 年以来，国家调整了申报政策，由原来的自由申报，改为由国家提供推荐选题，以选题为指导目录加以申报。其中 2015 年批准立项 113 项、2016 年立项 130 项、2017 年立项 165 项、2018 年立项 185 项、2019 年立项 154 项。因此，该项目至设立 10 年（2010-2019 年）来共批准立项合计 1026 项（详细数据见表 1）。总体上来说，2015 年之后，每年立项一次，但总数均超过 100 项，立项数目呈现了逐年增加的趋势（见图 1），也表明了国家在助推中国文化走出去战略上加大了支持力度，使得中华学术外译项目自设立 10 年来，已有 1000 多个立项，这意味着在之后的 2 至 3 年内，中国学者的论著将有 1000 多部被译介到海外，为构建中国的国际学术话语体系、为提升中国文化的"软实力"做出重要的贡献。

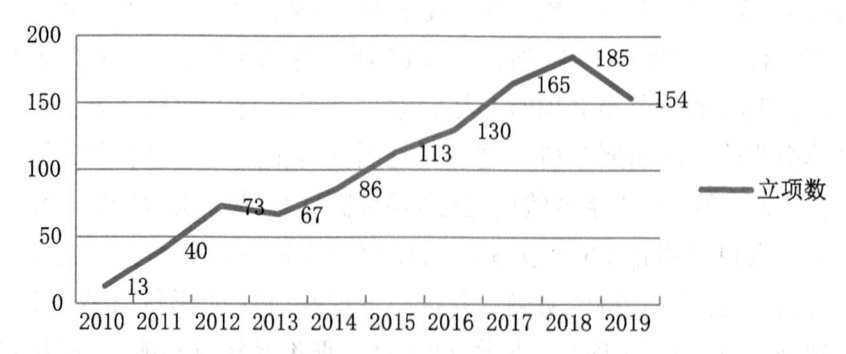

图 1　中华学术外译项目历年立项数目发展趋势（截至 2019 年 12 月 26 日）

（二）2015—2019 年国家推荐选题及立项分析（以法学类为例）

2010—2014 年尽管立项名单也偶有学科分类，但整体上来看并不详细。笔者所获批的两项分别属于 2012 年第一批法学类项目（这一批法学类共 2 项，另一项是全国政协副主席、北京大学原副校长罗豪才教授申报的《软法亦法：公共治理呼唤软法之治》）和 2014 年第二批法学类项目（这一批法学类共 2 项，另一项是外语教学与研究出版社申报的时任清华大学法学院院长王振民教授的《中央与特别行政区关系———一种法治结构的解析》）。由于年度获批项目总数有限（2010—2019 年法学类选题共立项 76 项），每年法学类获批的立项并不是很多（见表 2）。这样，在该项目设立后共批准 10 项立项的时候，笔者就有一个项目获批（系人权法学研究领域获批的第一项中华学术外译项目）；而当该项目共批准 20 项的时候，笔者就有两个项目获批。能在该中华学术外译项目设立之初就成功获批法学类两个立项，并顺利推出外译成果，笔者得益于前沿的人权研究和良好的英语功底，一方面本人的研究成果契合了国家发展的需求，另一方面也符合国际人权研究的需要。针对笔者的第二项中华学术外译项目研究，联合国人权理事会特别程序委员会主席 Michael Addo 教授评价道："这是一项原创性和具有学术引领性的研究，填补了国际人权研究领域的一项空白。"（Addo，2018）而哈佛大学法学院著名的 Mary Glendon 教授则认为："对著名的外交家张彭春参与起草《世界人权宣言》所发挥重要作用的研究，填补了宣言史研究的一项主要空白。"（Glendon，2018）由此看来，外译项目选题的原创性及其重要学术价值尤为重要。

表 2　中华学术外译项目（法学类）2010—2019 年立项数目

2010 年	2011 年	2012 年	2013 年	2014 年	2015 年	2016 年	2017 年	2018 年	2019 年
2	5	3	5	5	7	8	13	17	11

2015 年国家推荐法学类选题 20 项，当年法学类共立项 7 项，其中 5 项在国家推荐选题目录，2 项不在推荐目录，这 2 项都由出版社申报，一本书是时任上海交通大学凯原法学院院长季卫东教授的《法治秩序的建构》（由商务印书馆申报），另一本是中国人民大学副校长王利民教授的《合同法》（由中国人民大学出版社申报）。中国人民大学出版社 2 项、商务印书馆 1 项、法律出版社 1 项、中国社会科学出版社 1 项，个人获批 2 项。由于 2015 年国家推荐选题目录上的是 20 项，有 15 项并未在当年立项。由于这 15 个选

题再次被2016年列入国家推荐选题，经过当年的再次申报和审批，有的选题成功立项，而有的则仍未立项。

2016年国家推荐法学类选题17项（其中15个推荐选题系2015年度列入推荐目录未立项者，另外增加两个新推荐选题：一个是中国人民大学法学院孙国华教授的《中国特色社会主义民主法治研究》，另一个是中国社会科学院法学所李林教授等的《中国法律制度》）。2016年法学类立项（8项），其中在推荐选题目录的4项，推荐选题目录之外4项。所立项目中，中国人民大学出版社3项、法律出版社1项、个人单独申报4项。2016年推荐选题剩余未立项的13项，这些未立项选题一般是由各对应出版社在与外方签订出版协议的基础上，为规划办提交选题并通过选题论证，在当年申报是便于立项的，除非有些其他方面的原因。但是这些选题，一旦推荐两年都未立项，就不再推荐，因为每年国家又有其他重要选题和新的兴趣点，并且申报政策也会做相应的调整。对于出版社和译者联合申报来说，尽管当年没有成功获批立项，但已经做了前期的有关工作，如已经具备了与海外出版社签订的协议或合同，再加上这些选题已经经过筛选，在随后一年，这些选题仍然具有申报的价值和获批立项的可能性。

2017年国家推荐法学类选题4项，实际法学类选题立项13项，其中在当年推荐选题目录内有3项，另外10项不在当年国家推荐选题目录。立项的情况如下：中国人民大学出版社2项、法律出版社2项、北京大学出版社1项、中国科技出版传媒股份有限公司1项、中国社会科学出版社1项，个人申报立项6项。国家推荐选题之外入选项目远远多于推荐选题之内的立项数。而推荐选题有1项未立项。这也说明，除国家推荐选题之外的好选题也可以申报，并且如果选得准、准备得好，仍然可以成功立项，相比之下，即使列入国家推荐选题目录，也可能最后不能成功立项。

2018年国家推荐法学类选题8项，包括2017年推荐选题中未立项的一项，新推荐选题7项。2018年实际立项17项，其中包含推荐选题中的5项，选题外12项，推荐选题中的3项未立项。其中，中国人民大学出版社申报立项6项，上海人民出版社、五洲传播出版社、浙江大学出版社各1项，南京大学出版社与译者联合申报立项2项，中国社会科学出版社、中国政法大学出版社与译者联合申报立项各1项，译者单独申报立项4项。这也说明尽管国家推荐选题具有指导性作用，但没有列入国家推荐选题目录的不仅可以申报，而且有很大的立项可能，本年度国家推荐选题之外的获批立项数是列入目录获批立项数的2.4倍。值得注意的是，如果没有列入国家推荐选题目录，就必须请两位有高级职称的专家提供推荐意见。

2019年国家推荐法学类选题17个，其中的8个选题获批立项10项，获批立项的还有国家选题推荐目录之外1项。这样，2019年法学类获批立项11项。而国家推荐选题（法学类）中最终有9个并未立项。从本年度国家推荐选题（法学类）的实际落实情况来看，当年度推荐选题的获批立项的比例为47%，而推荐选题中未成功立项的占53%。本年度209个推荐选题获批立项154项，其中重点项目6项，期刊类3项，法学类11项（其中2项为重点项目）。在法学类入选的11项中，中国政法大学和西南政法大学各3项，武汉大学2项，中南财经政法大学、西华大学和南京师范大学各1项。

表3　2015—2019年中华学术外译（法学类）国家推荐选题及立项情况

年份	国家推荐选题数	推荐选题立项数	推荐选题外立项数	立项总数
2015	20	5	2	7
2016	17	4	4	8
2017	4	3	10	13
2018	8	5	12	17
2019	17	10	1	11

从2019年起，国家社科基金中华学术外译项目开始划分为重点项目和一般项目，而法学类的立项有2个重点项目分别是中南财经政法大学薛凌与法律出版社联合申报的《知识产权精要》（中南财经政法大学原校长吴汉东著），武汉大学彭岑萱与北京大学出版社联合申报的《国际法与国内法关系研究》（全国人大常委会副委员长万鄂湘著）。

从17个国家推荐选题所设定的外译语种来看，涉及的语种有英文（10个）、多种文版（4个）、意大利文（2个）、日语（2个）、阿拉伯语（1个）、俄语（1个）；而从实际立项的情况来看，外译的语种涉及西南政法大学廖红英与武汉大学出版社联合申报的《中国法理学发展》（李龙著），中国政法大学李琳与北京大学出版社联合申报的《中国古代司法制度》（陈光中著）分别外译为俄语和法语版，另外所有法学类立项选题均将外译为英文版。从国家推荐选题的情况来看，纳入推荐目录的17个选题中，法律出版社和高等教育出版社各3个、北京大学出版社和中国法制出版社各2个、中国人民大学出版社、武汉大学出版社、清华大学出版社、南京大学出版社、人民出版社、经济科学出版社和九州出版社各 1 个。这说明已有越来越多的出版社参与到中华学术外译项目的具体申报中来，尽管总体来看，首都出版资源优势也十分明显。从实际操作层面来，这也许与各个出版社的重视程度有关，当然与相关出版社出版的学者的论著有着紧密的关系，名家名著是中华学术外译项目立项的重要参考指标，也是国家推荐选题的重要依据。

另外，值得申报者注意的一点是：上年度列入国家推荐选题目录的仍可继续列入当年推荐选题目录，并且这些选题也值得关注，有望在第二年的申报中获得立项，如法律出版社出版的吴汉东教授所著的《知识产权精要》就是 2018 年列入推荐选题目录，2019 年再次列入推荐选题目录而获批立项的成功案例，并且获批的是重点项目。据此，对于法学类 2019 年列入国家推荐目录而未立项的，仍有再次提名列入 2020 年国家推荐选题并成功立项的可能。

从最近几年的立项具体情况分析，对法律类中华学术外译项目申报和立项积累了比较多经验的出版社有中国人民大学出版社（2015 年 2 项；2016 年 3 项，2017 年 2 项，2018 年 6 项，2019 年 1 项）、法律出版社（2015 年 1 项，2016 年 1 项，2017 年 2 项，2019 年 2 项）、北京大学出版社（2017 年 1 项，2018 年 3 项）、中国社会科学出版社（2015 年 1 项，2017 年 1 项，2018 年与译者联合立项 1 项）、武汉大学出版社（2019 年 2 项）和高等教育出版社（2019 年 2 项）（见图 2）。成功立项的还有商务印书馆（2015 年 1 项）、中国科技出版传媒股份有限公司（2017 年 1 项）、上海人民出版社（2018 年 1 项）、五洲传播出版社（2018 年 1 项）、浙江大学出版社（2018 年 1 项）。

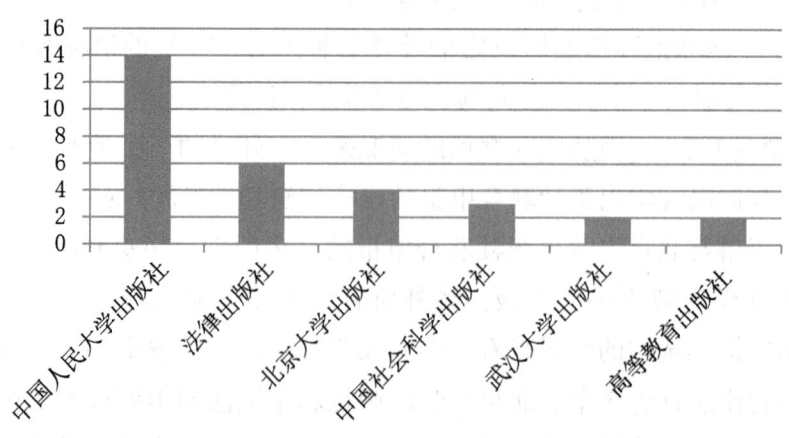

图 2　2015–2019 年中华学术外译项目（法律类）立项超过 1 项的出版社立项情况

另外，2018年南京大学出版社与译者联合申报立项2项，中国社会科学出版社、中国政法大学出版社与译者联合申报立项各1项。因此，申报的形式总体来看，由出版社或译者单独申报朝着双方联合申报的趋势发展。2019年国家所重点调整的政策规定必须由原出版社与译者联合申报。从2019年立项的结果来看，联合申报的原出版社有北京大学出版社3项、法律出版社、武汉大学出版社和高等教育出版社各2项、中国人民大学出版社和经济科学出版社各1项。再从选题立项的情况来看，选题立项结果也与申报公告上所规定的范围相吻合，即"我国现当代哲学社会科学优秀成果、近现代以来的名家经典以及国家社科基金项目优秀成果"（全国哲学社会科学工作办公室，2019），这也是中华学术外译项目选题申报的基本原则。

(三) 译者与各方关系分析

以译者或者申报者的视角来讨论译者与其他各方的关系，应如何更好地处理译者与其他几个方面的关系？首先，译者就是指将中文学术成果翻译成目标语文版的翻译者，通常也是指中华学术外译项目的申报者，即项目的主持人（主要翻译者），也可以另外邀请其他翻译者参与翻译工作。2019年申报公告明确了对译者的要求："承担英文文版翻译的申请人，须具备副高级以上专业技术职务或博士学位；承担其他文版翻译的申请人，须具备中级以上专业技术职务或博士学位。项目申请人必须具有在官方语言为外译语种的国家至少1年以上学习、访问或工作经历，具备较高的所在国母语水平（以提交的《留学回国人员证明》材料为准）。"[1]从2019年起，将原来由原出版社或译者单独申报改为了由双方联合申报，原出版社，即所要翻译的图书中文本的原出版机构具有原中文成果的出版权，往往在决策由谁来承担翻译任务（共同主持人）方面具有主导权。因而原来由译者直接申报的权利被挤压，作为申请人的权利和机会被限制或被转移至原出版社。而原出版社一般都与中文成果原作者签有出版协议，而著作权在原作者手中；一般来说，不同意将自己的作品翻译成外文出版并传播海外的原作者几乎不存在，况且一旦译介到海外出版，一般都会支付原作者一定比例的版税或稿酬，原作者都乐于提供论证材料，原作者更为关注如何找到更合适的译者人选，尤其希望找到高水平的译者主持人，这方面原出版社又具有较为丰厚的资源，因此原作者更依赖于原出版社帮助推荐或者决定译者人选。以上就是图中水平方向的三者之间的关系（见图3）。另外，申报公告还规定："学术著作类项目实施中外编、译、学协同合作的团队制，由联合申报主体共同商议组建课题组。项目申请人应承担主译或次译工作，具备一定以文版所在语种写作的能力或著作所涉学科的研究能力，具备一定与外方学界的联络能力。课题组须至少配备一名外方合作译者/审校人员，一名项目涉及学科的中外专家学者。合作译者/审校人员一般以文版所在语种为官方语言的国家的优秀母语专业人员为主，参与课题组的人数不限。鼓励海外汉学家、译著所涉领域优秀华人学者和外方其他学者以各种形式参与课题组。外方成员须认真负责、对华友好。"这些规定对申报课题的课题组建设提出了明确要求，也是应该考虑的重要因素。

图 3　译者与各方关系示意

译者为了能够获取申报课题的机会，首先必须具备的前提条件是，译稿必须与外方出版社签订出版协议或出版意向书，这不仅是申报的必备条件，而且还是确保能够如期完成外译项目成果出版的保障。根据申报公告的要求，"学术著作类项目，须与国外权威出版机构签订出版合同，并约定明晰各项事务，包括版税、校对、发行和推广机制等。因国外出版机构出版流程所限，在申报日期截止前未能提供正式出版合同的项目，必须至少提交由国外出版机构负责人签字及机构公章的出版意向证明，并注明正式出版合同的签订安排，待合同签订后补交"。鉴于从发布申报通知到提交申报材料之间的时间一般不到两个月，要是等到申报通知下来再去联系外方出版社，外方出版社选题也不可能立即确立下来，一般通过选题申请要拿到外方出版合同至少要有半年的时间。作为译者要想申请中华学术外译项目，就必须早做准备，包括精心筛选要翻译的中文论著、提交选题表，同时申报外方出版选题，尽快拿到出版合同，这样一年一度的申报开始之际，才能有望在激烈的竞争中立于不败之地。那么，译者与评审专家之间的关系其实是隐性的，译者不知道评审专家是谁，评审专家也是先进行匿名评审，再上会讨论投票决定。从译者作为申请人的角度来看，译者的学术积累、作为主持人的课题论证、学历及翻译背景、学术成果及相关研究领域等内容，必须能够令多数评审专家认可。为此，译者必须强大自己、丰富自己、提升自己，成为评审专家心目中值得信赖的可靠译者。如果不能做到这一点，即使递交了申报材料，也有不被批准的可能，因为决定项目是否同意批准立项，决定权在评审专家手里，只有经过充分准备的项目才能达到令人满意的程度，项目申请才可能成功获批。此外，作为评审专家，评审的内容除了译者本身外，还要看原著是否上了国家推荐目录，外方出版社是否在推荐名单之中，原作者及原出版社也会是评审专家评审的因素，当然对原著的选择是至关重要的一环。

理想的译者申请者应具备哪些优势，应做好哪些准备工作，才能确保申请的成功？要回答这个问题，可以从以下三个方面加以概括：首先，学历与学术积累尤为重要，这是审查申报者是否合适的重要因素，如对目标语所在国家的留学、工作或访学情况及研究成果及研究领域等是否能够满足项目申报的要求。其次，项目论证是整个申请的关键，尤其是原著的学术价值和社会影响，例如原著是否是名家名著等。最后，早做准备以及与原著出版社密切合作是申报获得成功的必备因素，单凭译者努力往往会力不从心。

一旦项目获准立项，译者又该如何展开翻译工作？翻译工作是一项创造性的脑力劳动，一部几十万字的论著，要翻译好，也不是一朝一夕能够完成的，必须组织强有力的翻译团队、分工合作、有力配合，并加强统筹协调。有些内容的翻译必须深入研究、仔细推敲、参阅相关文献资料。与母语者合作翻译或者聘请母语者参与修改、完善初稿也是一个很好的办法。即使译出初稿，也要反复修改完善，直到能够达到外方出版社出版的要求，并能达到国家哲学社会科学工作办公室审核的要求，待审核批准进入外方出版社出版流程后，才能实际进入出版阶段，而在这一阶段，修改完善译稿是伴随始终的一项重要工作。即使交稿给外方出版社，进入编辑和校对的阶段，一旦发现问题，也要修改完善，以出版精品学术著作作为努力不懈的追求目标。

（四）海外出版选题及出版协议

海外出版是中华学术外译项目的出口，与外方出版社签订出版协议一般可由原著出版社负责，是申报该项目的前提条件，也就是在提交申报表及相关材料时，与外方的出版协议是必不可少的。而要与外方出版社签订出版协议，又必须与外方出版社联系，按照他们的要求提交选题申请。这里以与施普林格出版社（Springer）签订出版协议为例，来简要介绍一下如何才能获得出版协议，包括填写选题表的内容、准备作者及译者个人简介、图书目录英文稿及翻译样张等，以便学界更好地了解如何准备海外出版社出版协议，为译者提供切实可行的指导。

要获得海外出版社的出版协议，第一步就是要填写海外出版社选题申请表、个人简介、图书目录、样张等。由于海外出版社选题申报周期一般比较长，需要提前提交各种相关材料。施普林格出版社的图书选题表（book proposal form）最前面是填表说明，所填内容大致包括三大部分（图书基本情况；图书详细情况；图书市场）。

其中，填表说明中要求，除了提交图书选题表之外，还应该提供作者简历（curriculum vitae）、图书目录（table of contents）和完成的章节内容（finished chapters）。图书选题表所需填写的三大部分内容为：（1）图书基本情况：题目（title）、是否可以归入本社学术著作系列、预计交稿日期、作者姓名、单位及职称（academic title）、地址、电话、邮箱、是否有基金支持、是否可开放获取。（2）图书详细情况：著作语言、书稿原创性、著作类型是专著、主编还是会议文集等、估计全书页数。（3）图书市场：营销代码、内容等级、其他社相关竞争、本社类似图书、关键词、作者简历、200—500词的封底介绍、独特卖点、章节目录、估计页数、估计图表、潜在评审专家（可以推荐本领域相关评审人员数名）。该表中最为重要的内容应该是选题具有重要的学术价值、书稿具有原创性、作者简历所展示学术成就能够令人信服、具有独特卖点、章节目录详细等。另外，若能推荐合适的评审人员（尤其是国内外同行专家），对选题的及时顺利通过也有着重要的意义。

作者简历是对作者学历、研究经历、研究成果、学术影响等相关情况的介绍。这部分要将作者简历较为详细的展现出来，给评审人员提供较为全面的资料信息。这部分内容一定要真实、可信、具有说服力，这是该选题能否通过评审进而与外方出版社签订出版协议的一个重要的考察方面。从某种意义上说，图书作者的学术水平正是评审选题的一个重要的评价指标。在选题时，一定不可忽视原作者的学术水平和学术影响力。选择专家的论著，尤其是相关领域权威专家的图书，将更加易于通过选题评审。

另外，关于图书目录尽量要详尽，完成的章节内容一定要注重稿子的水平和质量，准备和提供1.5万字的翻译样张不仅是申报海外选题的前提条件，也是为之后的课题申报所做的早期准备工作。翻译样张是考察译者语言水平和翻译能力的重要媒介，对选题和课题的申报意义极为重要。

（五）项目流程

我们把与海外出版社签订出版协议作为中华学术外译申报的必备前提条件，另外，还有一个可选择的前提条件，就是选题被列入国家选题推荐目录，当国家哲学社会科学工作办公室下发申报通知时，就可以正式启动项目申报及相关流程了。下面从项目论证与申报、项目评审与立项、项目成果鉴定与出版、项目结项与成果推广等方面加以讨论（见图4）。

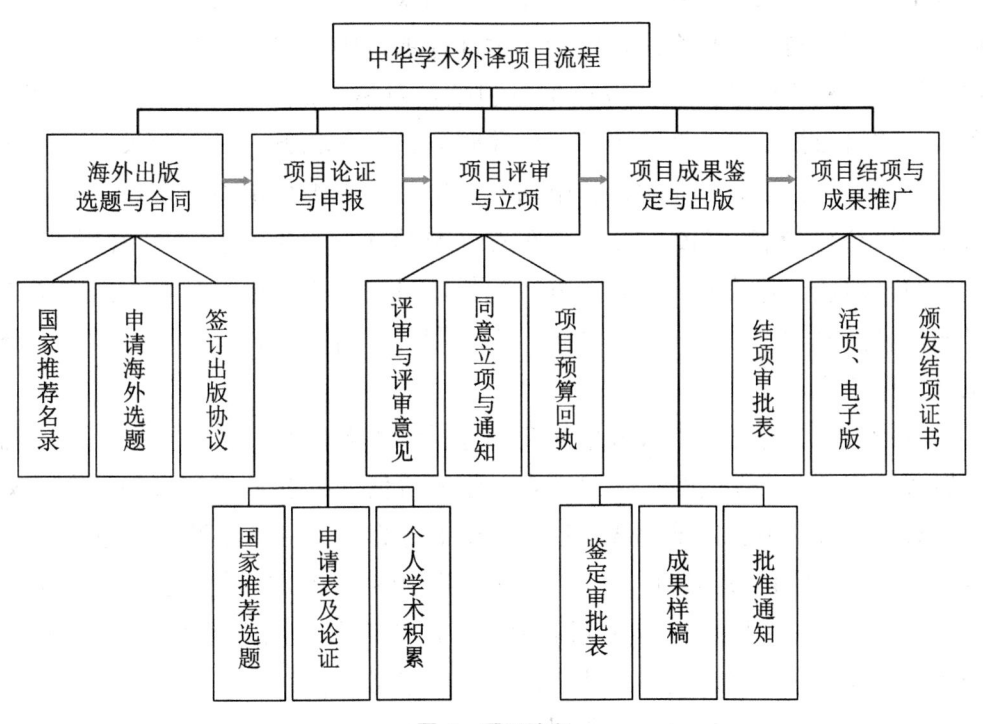

图4 项目流程

1. 项目论证与申报

项目论证与申报是开启课题的首要环节，而申请表的填写就是其具体体现。2019年的课题申请表是在以往申报表的基础上做了适当调整之后的新表格，它大致包括数据表、申请成果简介、国外出版机构简介、项目团队和组织方案、项目出版及宣传推广方案、出版责任单位意见、两名同行专家推荐意见、申请人所在单位意见和省、区、市社科规划办或在京委托管理机构意见九大部分内容。

其中第一部分是数据表，主要包括原著的相关信息、申请项目类别、国外出版机构信息、申请人的个人相关信息及团队成员信息等。其中原著的相关信息包括成果名称（中文、外文）、作者或主编、成果字数（千字）、插图数、国内标准书号、国内出版时间、原书累计印数、国际标准书号、申请经费（万元）、计划完成时间、申请资助文版及计划首印数（册）、出版责任单位、是否已出版其他文版（请注明文版）、获得国家其他资助情况及是否列入本年度中华学术外译项目推荐选题目录。申请项目类别包括"重点项目"和"一般项目"两种类型，以及是否同意转为一般项目。国外出版机构信息则包括国外出版机构中外文名称、注册国家或地区及总部所在城市、设立时间、机构官网网址、是否列入中华学术外译项目国外出版机构指导目录。申请人的个人相关信息及团队成员信息包括：申请人姓名、所在单位、性别、民族、政治面貌、擅长外文语种、行政职务、专业职务、研究专长、最后学历、最后学位、最后毕业学校、申请人在项目中是否承担主译工作、是否配备了母语合作译者/审校人员、所在省（自治区、直辖市）及其所属系统、单位通讯地址、邮政编码及联系方式包括座机、手机、电子邮箱；而团队成员的信息需要填写每个成员的姓名、专业职务、研究专长、学历、学位、分工和工作单位。

  申请表第二部分是申报成果简介，包括学术著作类成果，重点介绍所翻译原著的作者、主要内容、重要观点、学术价值、社会影响和对外译介意义等。对已列入申报公告推荐选题目录的要求可简写，总字数可以不超过 1000 字；未列入选题目录的须详写，大致应写到 3000 字左右。其中，首先介绍原著的作者情况，主要可以参考原著中作者简介部分；从选题的角度来考虑，当然是选择名家的名作最好，从申报的角度来考虑，如果是上了国家选题推荐目录，原作者的介绍及其著作的介绍是可以简写的，原著的内容、观点、价值、影响和意义五个部分，其中每部分可以写 200 字左右；因为在确定入选国家选题推荐目录时有关专家就已经对原作者和原著作进行了审核和确认；但如果所申报的选题不在推荐目录，就要求要详写，这时选择名家的名著仍然是应该坚持的重要原则。对原著的论证是十分重要的部分，一般可由原作者提供给申报者，在此基础上再进行修改完善，而关于原著的五个方面，其中每个方面就应该写到 600 字左右，而且要对学术价值和对外译介意义进行重点论证。

  申请表第三部分是国外出版机构简介，一般由海外相应出版机构提供，重点介绍国外出版机构的出版图书范围、涉及语种、社会影响，已出版的中国主题代表性学术著作及其发行量和学术影响。对于已列入本年度国外出版机构指导目录的可简写1000字以内即可；对未列入指导目录的须详写，内容应不少于2000字。对于本部分内容，最好的方案是选择列入本年度国外出版机构指导目录的出版社，并与之签署出版合同或协议。如果所选择的国外出版机构不在指导目录，申报也是可以的，但对国外出版社的介绍内容就要更为详细，对其图书出版范围、涉及语言品种、出版社的社会影响以及该社已经出版过的有关中国主题的代表性著作的发行情况及国际影响力等，给予较为详细的描述。

申请表第四部分是项目团队和组织方案，该部分需要撰写2000字左右，简要介绍申请单位或主持人的学术背景、外语水平、国外学习工作经历、与国外科研机构合作情况等。重点介绍：（1）主持人与主要合作译者近5年的代表性外文著作、译作及论文，包括成果名称、出版机构或发表期刊、时间及作者排序等，出版单位填写近5年获得相关中华学术外译项目的情况。（2）对翻译和出版工作所涉及的翻译、团队合作、编辑、审校工作的组织。本部分重点是主持人应该具备与选题密切相关的学术背景、国外学习工作经历、较高的外语水平，其具有说服力的材料就是近5年来的代表性外文著作、译作及论文。这也对主持人和合作译者提出了较高要求，要能够很好地满足这些要求，学术积累、学术交流、学术成果的发表等各个方面都有益于提高论证的整体说服力。如果主持人有丰富的留学、海外访学、国际期刊论文发表、外文论著的出版、国外学术交流与合作等经历，就要有所取舍，选择最具备代表性的论著填写；但如果主持人这方面比较欠缺，就要考虑把所有能够符合填表要求的所有相关内容都填上。

申请表第五部分是"项目出版及宣传推广方案"，涉及出版校对及宣传推广计划等，需要撰写2000字以内的篇幅，简述获资助后学术著作类成果的译介出版工作安排、出版后在所在国学界的宣传推广组织方案（含参加或组织围绕译著展开的学术研讨会）及预期效果、经费使用计划等。这部分涉及到出版计划和宣传推广方案，属于提前计划的内容。从出版的角度来说，一般是在项目成果鉴定合格之后，才能进入出版流程，书稿即使是在鉴定合格的情况下，也还需要进一步修改完善，熟悉海外出版社的学术规范要求，通读修改整个书稿。待感觉满意后，方可提交海外出版社进入出版流程，然后是通过三遍校对和一遍通读修改之后，才能出版。上述过程可以细化到具体的时间段，制定一个详细的出版日程表。针对出版后在所在国学界的宣传推广组织方案也是要在申请时考虑的一个方面，主要是借助海外出版机构的发行渠道以及所开展的图书首发式、展销会、博览会等，加以宣传推广该成果，包括组织专门的学术研讨会或者在参与国内和国际研讨会时借机宣传该成果。通过宣传推广其预期效果可以从该成果发行范围、学术影响（譬如被学者引用的情况）等来加以说明。另外经费使用计划主要涉及到与联合申报方原出版社的分配比例、书稿翻译费、文本改写费、宣传推广费以及其他相关的费用等，各部分所占经费比例国家基本都有明确规定，譬如书稿翻译费不低于70%，文本改写费不高于20%，宣传推广以及其他相关费用等不高于10%。根据上述比例，还可以进一步细化。

申请表后面的几个大的部分包括出版责任单位意见、两名同行专家推荐意见、申请人所在单位意见和省、区、市社科规划办或在京委托管理机构意见等，只要符合申报要求，都不难获得支持，其中如果所申报选题在国家选题推荐目录，就不需要两名同行专家推荐意见了。

2. 项目评审与立项

一旦中华学术外译项目申报材料上交全国哲学社会科学工作办公室，对于申请人来说接下来的工作就是等待评审结果的公布。评审一般是通过同行专家通讯评审，全国哲学社会科学工作办公室根据通讯评审结果，再召集学科组会议进行评议投票，以决定立项选题。一旦评审通过，就会获批立项。对入选的项目，全国哲学社会科学工作办公室就会发布立项公示，公示无异议的，在公示期后，将由全国哲学社会科学工作办公室发布立项结果，并书面通知各个获批项目主持人，告知评审专家的评审及修改意见，以便主持人在翻译过程中参考。

一般来说，评审专家的意见主要概括为两个方面：一是肯定的评价；二是改进的意见和建议等。这些意见对该项目的后续流程进展仍然起到重要的指导作用。但由于本部分，作为申请人并不需要做其他工作，只要在项目立项后，按照评审专家的评审意见来开展研究和翻译工作就可以了，因此这里就不再展开讨论。

3. 项目成果鉴定与出版

项目立项后，主持人按照评审专家的评审意见，一一对照相关问题，并在翻译的过程中注意相关问题，并积极寻找解决问题的方法，最终完成整个成果的翻译工作。一旦翻译与改写工作完成的话，主持人就需要填写项目成果鉴定申请表，并同时提交成果样稿。鉴定申请表中主要涉及的内容有鉴定成果的名称（中、外文）、项目批准号、学科分类、项目负责人（科研或出版机构负责人）姓名、所在单位、行政职务、专业职称、联系电话、通讯地址、计划完成时间、实际定稿时间、成果字数、报送成果套数等信息。该表主要要求填写项目完成情况，包括文本改写情况、翻译情况和联系出版情况等。

一般在项目获批后，课题主持人需要认真研读评审专家的修改意见，并根据评审意见进行反复的修改和完善。通过文本的翻译和改写，依据国际学术规范标准，对成果逐章进行认真审读，以确保外文表述的准确性并符合学术出版的要求。正如有的学者（尹洪山，2018）所指出的那样："要保证外译文本的质量，增强传播的效果，应尽量采取中外合作的翻译模式，保持与原作者密切沟通的翻译习惯，并且努力在忠实原作与适应读者期待之间实现有效平衡。"另外，如能邀请外译语种的本族语者对翻译文稿进行修改完善，对提高翻译质量和提高目标语读者的接受度也将发挥一定的作用。

文本翻译情况：项目成果由于内容涵盖面广、资料翻译任务量大，所涉及的外文文献多，在翻译的过程中需要做大量的查阅核对工作、资料的筛选与取舍工作、删减或扩写以及大量的文字提炼工作等，这对翻译和学术写作的要求提出了很大的挑战。为此，项目主持人和翻译团队需要做大量的工作，在文本翻译方面解决一个又一个难题，最终在规定的时间内，完成全书稿的翻译、改写、完善及核对等工作。尤其是在翻译的过程中，要与原作者保持密切联系与沟通，确保翻译能够忠实于原文。

文本改写情况：在书稿全部完成翻译工作之后，对全书稿进行为期半年的改写和修订，提升书稿的质量，以符合国际主流媒体，特别是该书所签署合同的外方出版社的出版要求和学术规范要求。

联系出版社的情况：一直与海外出版社项目编辑等保持着沟通与联络，并及时将翻译、写作及修改进展情况告知相关人员。在初稿完成之后，与该出版社初步协商定稿交付事宜，并详细了解将来出版后的发行渠道和具体措施等。一旦经全国哲学社会科学工作办公室鉴定批准后，便可立即进入出版流程。

一旦鉴定结果出来后，全国哲学社会科学工作办公室将书面通知项目主持人，让其联系海外出版社进入出版流程。这时，一般就可以与海外出版社具体落实交稿工作。交稿工作其实比较简单，把翻译好、经鉴定通过的最终稿通过邮件发送给海外出版社的责任编辑即可。这就进入了排版和校对阶段，再经过三校一通读的正常编校出版流程，通读修改完成后，出来清样就可签字出版了。待图书出版后,便可以获得外方出版社提供的样书,不过一般也要等上一两个月邮寄时间。有了样书,便可以申请结项了,而申请结项需要提交结项审批书、活页及全书电子版。根据国家规定:中华学术外译项目成果在国外出版后,须将5套样书报送全国哲学社会科学工作办公室,并提交项目翻译、出版及发行情况的详细报告(附相关数据),办理结项手续。不能如期履行申请承诺或汇报情况严重失实的,将解除资助协议,追回已拨经费,并在一定范围内通报。

4. 项目结项与推广

提交项目结项审批书及样书后,项目就进入了最后的审批阶段,一旦审批通过,全国哲学社会科学工作办公室将颁发结项证书。在成果出版后,要求连续三年提交年度报告,汇报成果的销售发行和推广情况以及所产生的学术影响及社会影响等,包括成果被学界引用的情况以及在中外学术交流过程的媒介作用等。关于成果的推广,全国哲学社会科学工作办公室也在官网上开设专门的推介,不断介绍已经出版的外译成果,而海外出版社在产品推广方面也在积极推动,以建立全球发行网络,将成果销往世界各国。

另外,原出版社、原作者、译者等都在一定意义上对最终成果的宣传推广发挥着重要的作用。大家可以借助各自的优势,通过各方参与国内与国际学术交流,让更多的国内和国际学者了解成果内容及相关学术观点。另外,将项目阶段性成果不断以外文学术论文形式刊发在国际期刊上,也有助于项目成果的宣传与推广。为此,笔者专门撰写了多篇相关论文,发表在海外期刊上,如2019年笔者连续在韩国两本期刊包括《中国与世贸组织述评》(Sun, 2019b)和《东亚与国际法杂志》(Sun, 2019c)及美国权威期刊《人权季刊》(Sun, 2019c)上发表了三篇学术论文,由于这些文章中都有作者与课题成果简介,从而扩大了外译成果的学术影响力。针对外译成果在国内的宣传和推广,由于外译成果定价较高,国内大学一般很少购买,学者购买的就更少了。为此,笔者曾借助国内学术交流与应邀做学术报告或讲座的机会将成果介绍给更多的学者,将外译成果的宣传带给海内外二十多所大学相关师生,并提炼出主题:"讲好中国人权故事,为宣传《宣言》鼓与呼",取得了良好的宣传推广的效果,也扩大了外译成果在国内外学界的学术影响力,促进了中国文化交流和对外法治传播。

五、结论

国家社科基金中华学术外译项目的设立是提升国家"软实力"、构建适合我国国际大国地位的学术话语体系的重要战略举措,是实现中华文化"走出去"(也包括中华法治文化"走出去")的重大战略决策。自 2010 年国家开始设立该项目以来截至 2019 年 12 月底为止,已经 10 年了,10 年来从国家层面来讲,为了更好地落实这一战略决策,投入了大量资金,共立项 1026 项,我国将有一批具有重要影响力的学术论著走向世界、参与国际交流,以形成持续的国际影响力,提升我国的国际学术地位,逐步建构我国的国际学术话语体系,为人类的发展与进步做出更大的贡献。

通过对中华学术外译项目的研究与分析,笔者得出如下结论:作为主持人的学者要做好中华学术外译项目,必须做好充分的准备:一是要精心选择著作,主要是要从名家名著中挑选最具代表性的论著,也可以考虑从《国家哲学社会科学成果文库》或国家社科基金项目成果中择优选择,这就要求与原出版方建立和保持密切联系与协商,选好书目;二是要尽早落实与外方出版机构签署出版协议或出版意向书,包括早期的外文版图书的选题申报等,以确保项目的顺利申报;三是要提升项目主持者的学术功底和翻译能力,以确保外译项目的成功申报与成果翻译和出版工作的顺利完成。

中华学术外译是一项方兴未艾的事业,需要我国社科学者(包括译者和原作者)、出版机构以及海外出版社密切合作,共同落实好这一重大国家战略,让更多、更好的学术成果润泽世界,造福人类。世界学界更加重视我国学术成就的时代就要到来!这也是东方文明振兴的标志。

参考文献:

[1] Addo, K. Michael. Professor Michael Addo's comments [C]. In Sun, Pinghua, *Historic Achievement of a Common Standard: Pengchun Chang and the Universal Declaration of Human Rights* [M]. Singapore: Springer. 2018.

[2] Glendon, A. Mary. Professor Mary Glendon's comments [C]. In Sun, Pinghua, *Historic Achievement of a Common Standard: Pengchun Chang and the Universal Declaration of Human Rights* [M]. Singapore: Springer. 2018.

[3] Krumbei, Frédéric. Hans Ingvar Roth: P. C. Chang and the Universal Declaration of Human Rights [J]. *The Review of Politics*, 2019, 81 (4): 711-714.

[4] Liu, Hainian. Professor Hainian Liu's comments [C]. In Sun, Pinghua, *Historic Achievement of a Common Standard: Pengchun Chang and the Universal Declaration of Human Rights* [M]. Singapore: Springer. 2018.

[5] Sun, Pinghua. *Historic Achievement of a Common Standard: Pengchun Chang and the Universal Declaration of Human Rights* [M]. Singapore: Springer. 2018.

[6] Sun, Pinghua. Human rights education in the Chinese context [J]. *China and WTO Review*, 2019b, 5 (1): 39-62.

[7] Sun, Pinghua. *Human Rights Protection System in China* [M]. Heidelberg / New York / Dordrecht / London: Springer. 2014.

[8] Sun, Pinghua. P. C. Chang's concept of human dignity for the Universal Declaration of Human Rights [J]. *Journal of East Asia and International Law*, 2019a, 12 (1): 91-106.

[9] Sun, Pinghua. Pengchun Chang's contributions to international human rights in global governance [J]. *Human Rights Quarterly*, 2019c, 41 (4): 982-1002.

[10] 陈盼. 国家社科基金中华学术外译项目五年立项述评（2013-2017）——基于中国文化"走出去"视角 [J]. 江苏外语教学研究, 2019 (2): 90-93.

[11] 李雪涛. 对国家社科基金"中华学术外译项目"的几点思考 [J]. 云南师范大学学报（对外汉语教学与研究版）, 2014 (1): 1-4.

[12] 刘巧玲. "中华学术外译项目" 2010-2017 年立项现状统计分析 [J]. 装备制造与教育, 2019 (1): 73-77.

[13] 曲一琳. 中国声音 世界回响 [N/OL], 光明日报, (2015-7-17) [2019-12-10]. http://epaper.gmw.cn/gmrb/html/2015-07/17/nw.D110000gmrb_20150717_1-01.htm.

[14] 全国哲学社会科学工作办公室. 2019 年国家社科基金中华学术外译项目申报公告 [EB/OL]. [2019-9-10]. http://www.nopss.gov.cn/n1/2019/0910/c219469-31347070.html.

[15] 任文京. "一带一路"视域下中华学术外译项目现状与推进路径 [J]. 中国出版, 2018 (15): 63-66.

[16] 滕梅, 赵瑞芳. 传播好中国声音——从歌德学院谈对外文化机构的图

书外译[J]. 上海翻译, 2016 (6): 7-12.

[17] 王灏. 中国法律文献翻译输出之轨迹及其启示[J]. 政治与法律, 2018 (11): 117-126.

[18] 王伟. 中华学术外译项目成果（2010-2016）引用分析[J]. 情报资料工作, 2019 (5): 13-16.

[19] 王友贵. 从1949-1977年中国译史上的翻译需要审视"中华学术外译"[J]. 外文研究, 2013 (1): 72-76.

[20] 杨庆存. 中国文化"走出去"的起步与探讨——国家社科基金"中华学术外译项目"浅谈[J]. 中国翻译, 2014 (4): 5-7.

[21] 姚斌, Ursula Deser Friedman. 中文社科文献外译的挑战、对策与建议——以《20世纪中国古代文化经典在域外的传播与影响研究》英译为例[J]. 中国翻译, 2019 (2): 148-156.

[22] 尹洪山. 国家社会科学基金中华学术外译项目的调查分析[J], 出版科学. 2018 (4): 64-68.

[23] 张威. 我国翻译研究现状考察——基于国家社科基金项目（2000-2013）的统计与分析[J]. 外语教学与研究（外国语文双月刊）, 2015 (1): 106-118.

[24] 张艳, 何丽云. 中国学术著作外译与传播能力提升策略——以国家社科基金"中华学术外译项目"为例[J]. 科技与出版, 2018 (7): 16-22.

收稿日期：2023-07-04

作者简介：孙平华，中国政法大学教授，硕士研究生导师，研究方向为人权法学、全球治理、应用语言学、课程与教学论。电子邮箱：pinghuas@ cupl. edu. cn。

Promoting Dissemination of Foreign-related Rule of Law through China Academic Translation Project

Sun Pinghua

(China University of Political Science and Law, Beijing 100088, China)

Abstract: The establishment of China Academic Translation Project of the National Social Science Fund is a strategic decision of the country to realize the "going out" of Chinese culture. Based on this decision, this article attempts to explore how to do a good job in China Academic Translation Project. Through case study and data analysis, the author discusses from five aspects including the situation of annual project approval, the national recommended projects and analysis of approved projects, the relationship between translators and all parties, the topic selection and overseas publishing agreement, and the project process. The study finds that in order to do a good job in China Academic Translation Project it is necessary to be prepared in advance in terms of the selection of original works, overseas publishing agreement, project argumentation, etc., and the project applicants must continue to accumulate academic knowledge, improve the translation level, and get familiar with the project process. The findings of this research are of great significance for the project applicants and for promoting the "going out" of Chinese academics, the construction of the international academic discourse system of China and dissemination of foreign-related rule of law.

Key words: academic translation; recommended topics; project argumentation; project approval; achievement promotion

（责任编辑：孙贝）

我国法治文化负载词英译研究

徐 珺 王 钊

摘 要：中国法治文化是中国优秀文化的重要组成部分，文化负载词是中华文化的浓缩，在法治文化外译的过程中，文化负载词的正确翻译不容忽视。本研究基于中英双语法律在线数据库，以生态翻译学为理论基础，探讨我国法治文化负载词的翻译策略。研究发现，译者在翻译法治文化负载词时，有机融合了"归化"与"异化"的翻译策略，尽可能地保留了源语文化负载词的内涵，但依然存在欠额翻译和超额翻译的现象。

关键词：生态翻译学 中国法治文化负载词 翻译策略

引 言

2022年，习近平总书记在党的二十大报告中强调，坚持全面依法治国，推进法治中国建设。2023年6月28日第十四届全国人民代表大会常务委员会第三次会议通过了《中华人民共和国对外关系法》，这是我国法治建设中的又一个里程碑，凸显了中国法律外交与法治文化外译的重大意义。

法律外交对于推进推动构建新型国际关系、促进经济全球化和国际体系和推进"四个全面"战略具有重要的意义，而法治文化负载词的英译研究对法律外交有着较强的推动作用。狭义的外交专指主权国家通过其官方代表开展的国家间交流与合作；广义的外交指的是，包括主权国家在内的以及其他半官方和非官方的机构、社会团体以及个人开展的国际交流和合作（刘晓红，2015）。因此狭义的法律外交是指主权国家通过其官方代表开展的以法律为内容、机制和媒介的外交活动；广义的法律外交是指包含主权国家在内的以及其他半官方和非官方的机构、社会团体以及个人开展的以法律为内

---

* 本文系北京市社会科学基金项目"跨文化传播与中国话语的全球建构研究"（21YYB005）阶段性成果。

容、机制和媒介的外交活动。本研究的法律外交译本是指狭义的法律外交译本，即官方颁布的对外涉法交流和合作的英译本。

一般而言，法律知识与文化是合二为一的，但是我国目前法律知识和文化的结合度仍有提高的空间（张善根，2018）。中国法治文化负载词具有浓厚的中国文化特色。在外译时，如果被误读误译，势必会影响目的语读者的理解。本研究将对法治文化负载词从生态翻译学的"三维转换"角度出发，对翻译策略、方法和技巧进行探讨。

一、术语界定与我国法治文化外译研究简要回顾

何谓"文化负载词"？文化负载词（culture-loaded words）是指在一个特定的历史进程中，标志着某一特定事物的词语、短语和习语。该词语、短语和习语能够反映对应词汇使用民族在漫长的特定历史进程中逐渐积累起来的独特的活动方式。[1]文化负载词的外译探析涉及的领域较多，早在本世纪初，就已经有学者关注文化负载词外译问题。例如徐珺（2001：77）在《文化内涵词——翻译中信息传递的障碍及其对策》一文中指出："语言既是文化的一部分，同时又是文化的载体，文化的积淀，文化的映像，没有语言就没有文化。语言及其负载的文化信息向人们展示了该民族的历史和文化背景。"之后，有学者关注中华典籍外译的文化负载词，例如，《黄帝内经》文化负载词的英译探析（刘成，2022）、《离骚》英译本中核心文化负载词的研究（高文成、吴超异，2021）。生态翻译视域下的文化负载词研究近年来热度也在增加，如美食文化负载词英译策略研究（彭显淇，2023）和古典小说与当代小说文化负载词的英译对比研究（王杨，2023）。

我国的法治文化外译研究主要集中在质性研究及描写性研究，比如规划我国新时代法律语言的新任务（董晓波，2021），以《民法典》英译本为研究对象阐释不同翻译思维的内涵以推动建构法治中国形象（李文龙，2022）；从文化角度出发的文献比较鲜见：胡波（2021）从国际机构的法治话语翻译出发对话语翻译的规范化进行研究，但并没有从文化的角度进行探讨；又如，以词汇为单位进行探索，如胡金光（2023）就中国行政区划的名称英译进行探讨，助力我国法治国际传播；运用统计学进行研究的文章也开始出

---

[1] 引自知乎 https://zhuanlan.zhihu.com/p/5856734832023/07/10，笔者对此定义略有删改。

现,例如,徐珺、王清然(2017)在《基于语料库的法律翻译研究现状分析:问题与对策》一文里,在对国内外法律翻译研究现状进行分析的基础上,针对存在的问题以及我国法律翻译人才培养等提出了一系列建议;张法连(2023)基于 Citespace 对国内外法律语言现状进行对比分析。文献显示,生态翻译视域下法治文化负载词英译策略研究鲜有涉足。本研究旨在为法治文化外宣翻译与研究提供一个新的视角。

二、法治文化负载词英译

本研究以"法律双语语料库"[1]为基础,检索"语言维度""文化维度"和"交际维度"三个维度的法治文化负载词,进一步对译者采用的翻译策略、方法和技巧进行探讨,以推进中国的法治文化外宣工作。

(一)语言维度的文化负载词

汉语是意合的语言,文化负载词正是体现汉文化所要表达的意义精华,而英语是形合的语言。在新时代中国法治文化对话翻译过程中,译者在语言维度的适应性选择方面影响目的语读者的理解程度和译本的生态平衡。在语言维度上,中国法治文化负载词的代表性语料如成语、俗语、谚语和典故。本文以成语为例,探讨法治文化负载词在语言维度上译者基于生态翻译学的翻译适应。法治文化负载词四字俗语和成语较为广泛。本研究仅以"徇私舞弊"和"玩忽职守"为例,从语言维度探讨法治文化负载词在生态翻译学视域下的翻译策略和方法。如表 1 所示。

表 1　法治文化成语译文对比

	1995 年《保险法》第 146 条	1993 年《产品质量法》第 47 条	1990 年《城市规划法》第 43 条
徇私舞弊	gets involved in economic corruption or is derelict in his/her duty	engages in malpractice for private benefit	engages in malpractices for personal gains
玩忽职守	practices favoritism for personal interests or neglects his duty	neglects duty	neglects his duty

表 1 两个例子中译者均采取释义的方法令译文被目的语读者理解。释义

---

[1] 法律双语语料库 http://corpus.usx.edu.cn/lawcorpus1/。

法是用目的语中通俗易懂的表达对源文本中难懂的词语进行解析，让目的语受众更准确地理解源文本的内容。其中1993年《产品质量法》第四十七条和1990年《城市规划法》第43条均被译为"abuses power"，而1995年《保险法》第146条被译为"abuses administrative power"。在笔者看来，后者基于文义解释基础上的译文更能让读者理解该法治文化负载词的内涵。

根据"百度知道"，"徇私舞弊"源自《水浒传》第八十三回："谁想这伙官员，贪滥无厌，徇私作弊，克减酒肉。"徇：曲从；舞：舞弄，耍花样。"徇私舞弊"通常指为了私人关系而用欺骗的方法做违法乱纪的事。"徇私舞弊"的法律定义是指司法工作人员和有关国家工作人员利用职务上的便利和权力，对明知是无罪的人而使他受追诉，对明知是有罪的人而故意包庇不使他受追诉。或者故意颠倒黑白作枉法裁判；或者利用职务包庇、窝藏经济犯罪分子等，隐瞒、掩饰其犯罪事实的行为。[1]1993年《产品质量法》第47条和1990年《城市规划法》第43条中的"徇私舞弊"译为"engages in malpractice for private benefit"和"engages in malpractices for personal gains"，其中"private"和"personal"在牛津词典中的注释分别为"belonging to or for the use of a particular person or group, not for public use"（专用的：属于或供某一特定的人或团体使用的；不供公众使用）和"your own; not belonging to or connected with anyone else"（你自己的：不属于或不与任何人有联系的）。"徇私舞弊"在1995年《保险法》第146条中被译为"gets involved in economic corruption or is derelict in his/her duty"，即他的失职目的不一定是为了个人利益，只要是涉及经济腐败的都属于徇私舞弊。从这点看，后者的英译体现了在翻译中国法治文化负载词时采用了法律上的文义解释，并辅以翻译策略，关注了具体成语和生态语境的贴合。

根据"必应"，"玩忽职守"是指"严重不负责任，不履行职责或者不正确履行职责的行为"。"不履行"是指行为人应当履行且有条件、有能力履行职责，但违背职责没有履行，其中包括擅离职守的行为；"不正确履行"是指在履行职责的过程中，违反职责规定，马虎草率、粗心大意[2]。《中华人民共和国刑法》第397条第1款规定："国家机关工作人员滥用职权或者玩忽职守，致使公共财产、国家和人民利益遭受重大损失的，处三年以下有

---

[1] 百度知道 https://zhidao.baidu.com/question/461767103.html 2023/07/10。

[2] 参见必应 https://cn.bing.com/search? 2023/07/10

期徒刑或者拘役"。1995 年《保险法》第 146 条 "玩忽职守" 被译为 "practices favoritism for personal interests or neglects his duty",而 1993 年《产品质量法》第 47 条和 1990 年《城市规划法》第 43 条中的 "玩忽职守" 分别被译为 "neglects duty" 和 "neglects his duty"。其中 1995 年《保险法》译者采用释译法,1993 年《产品质量法》和 1990 年《城市规划法》采用意译法。由此可见,1995 年《保险法》的译文更能使目的语读者理解中国法治文化承载词的内涵。

法治文化外译离不开文化负载词的准确定义和正确翻译。译者在翻译过程中要肩负使命。通过上文在 "语言维度" 对法治文化负载词的翻译策略、方法和技巧进行分析,可以发现,我国对法治文化负载词的处理在 "语言维度" 上十分多元,即使对同一个成语或俗语的处理,在不同的法律文本翻译过程中翻译效果也有所差异,因此在翻译过程中要注意翻译的 "一致性" 和 "差异性",这样才能更好地推进中国法治文化的传播。

(二) 文化维度的文化负载词

法律翻译是交叉学科,在国际全球化的背景下,文化维度在法律语言翻译过程中具有现实意义。语言是文化的组成成分也是载体,通过翻译可以输出我国特定的文化价值观。文化维度的文化负载词有很多,比如生态文化负载词和物质文化负载词等,其中,人与自然和谐共处是当今时代的主旋律,因此本文以生态文化负载词为例探讨生态翻译学视域下的法治文化负载词的翻译。

例 (1):坚持绿水青山就是金山银山,坚持人与自然和谐共生。(《国家发展改革委等部门关于推进共建 "一带一路" 绿色发展的意见》[1])

译文:the principle that lucid waters and lush mountains are invaluable assets shall be upheld to ensure harmony between humanity and nature.

"绿水青山就是金山银山" 是习近平时任浙江省委书记时于 2005 年 8 月在浙江湖州安吉考察时提出的科学论断。译者在翻译 "绿水" 和 "金山银山" 时,将 "绿水" 译为 "lucid water",即 "清晰的水流";将 "青山" 译

---

[1] 参见《国家发展改革委等部门关于推进共建 "一带一路" 绿色发展的意见》,制定机关:国家发展和改革委员会 (含原国家发展计划委员会、原国家计划委员会)、外交部、生态环境部、商务部,发文字号:发改开放〔2022〕408 号,公布日期:2022.03.16,效力位阶:部门规范性文件。

为"lush mountains",即"崇山峻岭";将"金山银山"译为"invaluable assets",即"无价之宝"。通过对相关的文化背景采用归化的翻译技巧可以使读者清晰领会源语文本的含义,使中国法治文化负载词在文化维度更深切地被外国读者吸收。

例(2):2000 年《大气污染防治法》第十条　各级人民政府应当加强<u>植树种草、城乡绿化</u>工作,因地制宜地采取有效措施做好<u>防沙治沙</u>工作,改善大气环境质量。

译文:Article 10　The people's governments at various levels shall redouble their efforts in <u>afforestation, grass-planting, urban and rural greening</u>, and take effective measures to do well the work of <u>prevention and control of sand</u> so as to improve the atmospheric environment.

在翻译法治文化负载词的过程中,译者旨在传递源文本的信息和中国法治文化的思想精髓,对部分文化负载词采用直译的翻译方法。比如将"植树种草、城乡绿化"和"防沙治沙"分别译为"afforestation, grass-planting, urban and rural greening"和"prevention and control of sand",虽然译文总体增译词语"afforestation"即造林,但在文化维度上能使文化负载词适应源文化环境,并在译语文化中被更广泛吸收。

(三)交际维度的文化负载词

交际维度的文化负载词的翻译强调的是翻译目标的实现,换句话说交际维度的翻译对象就是让目的语读者了解中国法治文化的内涵,除了强调语言信息和文化内容转换外,译者还应注意文本的交际互动功能,在深刻领会原作者意图的基础上注意交际意图的翻译表达及适应性选择转换,如有关数字的文化负载词的翻译,以及是否存在超额或欠额翻译的现象等,目的是看目的语读者的接收效果。徐珺(2001)认为,翻译存在误译、超额翻译和欠额翻译的现象,当原语文化负载词的文化内涵大于译入语的文化负载词内涵时即为欠额翻译,反之如果原语文化负载词的文化内涵小于译入语的文化负载词内涵时就是超额翻译的现象。如在交际维度上的法律翻译过程中,译者对有关数字的文化负载词的处理尤为重要。译者要尽量避免引起源语文化的流失,因此译者应做到更准确的适应性选择,因此笔者以有关数字的文化负载词为例进行分析。

例（3）……确保已出台扶持政策具体化、可操作、能落地，切实解决政策落实"最后一公里"问题。(《国务院办公厅关于建设大众创业万众创新示范基地的实施意见》[1])

译文：... ensure that the support policies already released are specific, feasible and implementable and practically solve the problems with the "last one kilometer" for implementation of policies.

"最后一公里"原指"完成长途跋涉的最后一段里程"，后来被引申为"完成一件事情的最后收尾和冲刺阶段"，蕴含着紧迫性和节点性等内涵。源语文本中提到的切实解决政策落实"最后一公里"问题可见我国对大众创业、万众创新示范基地的重视程度，译者采用直译的翻译方法，让不熟悉当代中国法治社会发展进程的读者对我国的创新创业政策有所了解，这种翻译效果十分形象，不会影响到目标语读者对源语文本的整体理解。但该译文中将"最后一公里"翻译为"last one kilometer"并没有凸显出政策落实的特殊性、紧迫性和重视程度。这样可能会使读者无法通过译文感受到中国政府对"大众创业、万众创新"的重视程度，这样翻译可能不能准确传递源语的深层含义，即为欠额翻译。此处英译建议改译为："the last major hurdle"，"the last major hurdle"在目的语的体育赛事中频繁使用，用来比喻竞赛的最后一个"任务栏"，参赛者需要有时间上的紧迫感，并且要在体力、技能和战略等诸多方面统筹安排才能完成竞赛的最后一个任务，喻指全面开展"大众创业、万众创新"已经到达了收尾和冲刺阶段，能感受到中国政府的重视程度。

例（4）……为在更大范围、更高层次、更深程度上推进大众创业、万众创新，加快发展新经济、培育发展新动能、打造发展新引擎，建设一批双创示范基地、扶持一批双创支撑平台……(《国务院办公厅关于建设大众创业万众创新示范基地的实施意见》[2])

译文：... in order to promote popular entrepreneurship and innovation in

---

[1] 参见《国务院办公厅关于建设大众创业万众创新示范基地的实施意见》，制定机关：国务院办公厅，发文字号：国办发〔2016〕35号，公布日期：2016.05.08，施行日期：2016.05.08，效力位阶：国务院规范性文件。

[2] 参见《国务院办公厅关于建设大众创业万众创新示范基地的实施意见》，制定机关：国务院办公厅，发文字号：国办发〔2016〕35号，公布日期：2016.05.08，施行日期：2016.05.08，效力位阶：国务院规范性文件。

a further extensive scope, at a further high level and in a further deepening degree, accelerate the development of new economy, cultivate new functions for development, create new engine for development as well as build a batch of demonstration bases, support a batch of supporting platforms, ...

科技是第一生产力，创新是一个民族的灵魂。"大众创业、万众创新"恰逢"一带一路"的历史机遇和发展机遇，其中"万"，从某种意义上讲，并不是指一个确切的数字，而是形容我国如火如荼地开展创业及创新的火热程度，为了避免读者误会，译者采用减译翻译技巧对"万"字省译，直接译为"popular entrepreneurship and innovation"，既能体现目前我国创业的热度，英语国家读者也能看懂。另一方面，因为前文中已经提到"大众创业、万众创新"，因此译者对此词的处理采用减译的翻译技巧，将"双创示范基地"译为"demonstration bases"，将"双创支撑平台"译为"supporting platforms"。这种省译技巧属于前文中提到的欠额翻译的现象，虽然读者能通过前后文推理得到这些"基地"或"平台"即为前文提到的"大众创业、万众创新"做准备的，但是由于词间距较远，读者翻译难度较大，为减少读者的阅读障碍，更能适应译文的交际生态环境，建议对差额翻译现象进行改进，如"demonstration bases for entrepreneurship and innovation"和"supporting platforms for entrepreneurship and innovation"。对于独有的法治文化信息的表达，在交际维度上应以目的语读者能用最快速度理解原文意图为目的进行信息传达，因此要以简单明了为原则，而不能生硬对应，以有关数字的文化负载词为例，要避免欠额翻译或超额翻译的现象。

三、结语

本文以法律双语语料库为基础，选取典型的"三维转换"译文示例，探讨法治文化负载词在生态翻译学的背景下的翻译策略，这些策略包括归化和异化，并结合增译、释译、省译等翻译技巧。从语言、文化、交际三个维度考察译者的选择性适应能力。通过分析可知，作为翻译活动的主体，目前我国译者对法治文化负载词的翻译能采取适宜的翻译方法以"适应"不同的法治文化环境。

习近平总书记强调要加快构建中国话语和中国叙事体系，讲好中国故事、传播好中国声音，展现可信、可爱、可敬的中国形象（崔乃文，2023），这为我们法治文化翻译与国际传播指明了方向。法治文化外译任重道远。

参考文献：

[1] 谌元生．浅议对滥用职权的理解和把握［EB/OL］．(2022-06-29)．https://www.ccdi.gov.cn/hdjln/ywtt/202206/t20220630_202293.html.

[2] 崔乃文．以中国话语讲好中国故事（新论）［M］．人民日报，2023-02-28（5）.

[3] 董晓波．法治话语规划：新时代法律领域语言规划的新任务［J］．吕梁学院学报，2021（5）：17-21.

[4] 高文成，吴超异．体认语言学视野下《离骚》中文化负载词的英译研究［J］．语言与翻译，2021（2）：42-50.

[5] 胡波．国家机构法治话语翻译规范化研究［D］．南京：南京师范大学，2021.

[6] 胡光全，张法连，高茜琳．中国行政区划名称的英译研究［J］．外国语文，2023（2）：1-12.

[7] 李文龙，张法连．国际传播导向下的法律翻译思维探究——以《民法典》英译为例［J］．外语与外语教学，2022（6）：122-132+149.

[8] 刘成等．译介学视域下《黄帝内经》文化负载词英译探析［J］．中华中医药杂志，2022，37（9）：5475-5479.

[9] 刘晓红，程金华．金砖国家法律研究［C］．华东政法大学金砖国家法律研究院，北京：法律出版社，2015.

[10] 彭显淇，刘婷，杨岑．生态翻译视域下美食文化负载词英译策略研究［J］．对外经贸，2023（3）：75-78.

[11] （明）施耐庵、罗贯中．水浒传［M］．北京：人民文学出版社，1990.

[12] 王杨．生态翻译视域下古典小说与当代小说文化负载词的英译对比研究——基于《儒林外史》译本和《活着》译本的分析［J］．西北民族大学学报（哲学社会科学版），2023（2）：147-155.

[13] 习近平．高举中国特色社会主义伟大旗帜 为全面建设社会主义现代化国家而团结奋斗——在中国共产党第二十次全国代表大会上的报告［EB/OL］.(2022-10-16)．https://www.rmzxb.com.cn/c/2022-10-25/

3229500_9.shtml.

[14] 徐珺. 文化内涵词——翻译中信息传递的障碍及其对策[J]. 解放军外国语学院学报, 2001（2）：77-81.

[15] 徐珺, 王清然. 基于语料库的法律翻译研究现状分析：问题与对策[J]. 外语学刊, 2017（1）：73-79.

[16] 张法连, 蒋毓婧. 国内外法律语言研究现状对比分析（1998—2021）——基于可视化技术和文献计量分析方法[J]. 当代修辞学, 2023（2）：29-42.

[17] 张善根. 法律信任论[M]. 北京：中国法制出版社, 2018.

收稿日期：2023-07-22

作者信息：徐珺, 中国政法大学教授、博士生导师, 博士后合作导师, 兼任对外经济贸易大学博士生导师。中国英汉语比较研究会语言服务研究专委会秘书长,《语言服务研究》与《语言与法律研究》执行主编。主要研究方向：翻译学, 法律语言与文化, 商务英语, 语言服务, 外语教育。电子邮箱：xujun289@163.com。

王钊（通讯作者）, 中国政法大学人文学院博士研究生, 研究方向：法治思维与法律语言。电子邮箱：wangzhaoregina@163.com。

A Study on English Translation of Culture-loaded Words Related to the Chinese Culture of Rule of Law

XU Jun[1], WANG Zhao[2]

(1, 2. China University of Political Science and Law, Beijing 100088, China)

Abstract: Chinese culture of rule of law is an important part of China's outstanding culture, and cultural load words are the concentration of Chinese culture. In the process of foreign translation of the culture of rule of law, the correct translation of cultural-loaded words should not be ignored. Based on the Chinese-English bilingual legal online database, this study explores the translation strategy of Chinese rule of law cultural-loaded words based on the theory of eco-translatology. It is found that when translators translate the cultural-loaded words of the rule of law, they organically integrate the translation strategies of "naturalization" and "foreignization", and retain the connotations of the cultural load words of the source language as much as possible, but the phenomena of under-translation and over-translation still exist.

Keywords: Eco-translatology; Culture-loaded Words Related to the Chinese Culture of Rule of Law; Translation Strategy

（责任编辑：周姗姗）

《中华人民共和国著作权法》中"表演"的统一表达与体系性解读

——以作品诠释为核心[*]

高卓锐 刘友华

摘 要：不同于学界目前将《中华人民共和国著作权法》（以下简称《著作权法》）中关于表演权和表演者权的"表演"分别解读的研究路径，对两处表演行为进行统一解读更有利于实现法律的体系性和可预测性，同时也更适宜实现法律语言的语用价值。将"表演"一词代入表演权和表演者权的相关条款并作统一解读时，基于表演行为客观上所具有的两项言语功能，确保两种权利立法目的的实现，应当以主体对作品的客观诠释作为表演行为的核心，放弃有无传播属性、借助何种呈现工具、行为是否具有独创性作为表演行为判定的要件。同时，在著作权法体系中通过对"公开"一词作体系解读，实现表演权控制范围的限缩；并以范围区别于著作权的表演者权保护，避免表演者权客体的扩张挤压公有领域的创作。

关键词：表演权 表演者权 邻接权 著作权法

引 言

随着剧本杀、电子游戏等强调交互表演和体验的文艺娱乐成果的出现，消费者对著作权产品的消费不再仅仅局限于阅读和观赏，越来越多的消费者亲身参与，依照自己的理解诠释作品。然而这种诠释在著作权法体系内的定位尚不明晰，比如消费者对剧本杀剧本的诠释是否属于著作权法意义上的表演，其是否落入著作权人对原剧本所享有的表演权控制范围内，是否能产生

---

[*] 本文为2023年湘潭大学研究生科研创新项目"作品交互时代下表演权之内涵及其适用研究"（项目编号：XDCX2023L048）研究成果。

"表演"或者"新的作品"成为著作权法上新的保护客体,有关这些问题,学界尚处于争论之中。[1]想要妥善处理这些问题,必须对"表演"这一行为进行足够系统的解读。这些问题所指称的"表演"是同一种性质的表演吗?认定为性质相同或不同的表演之后应当如何处理相关主体的法律关系?

不同于现有研究将作品的"传播"行为视作问题争论核心的研究范式,本文以作品的诠释为核心,研究《著作权法》第10条第1款第9项中的表演行为和获得表演者权保护前提的表演行为,梳理这两种表演行为在体系中的关系,重新审视《著作权法》中的"表演",对其判定要件进行分析,并通过体系性解读实现表演权和表演者权的恰当适用。

一、法律语言体系内"表演"概念统一解读的必要性

本文之所以同时对《著作权法》中的两种"表演"进行解读,其原因在于,《著作权法》中的"表演"一词既被用在著作权人对作品所享有的表演权,用以回应《伯尔尼公约》对著作权保护的要求,又被用来定义表演者权,回应《罗马公约》《北京条约》《世界知识产权组织表演和录音制品条约》(WPPT)所提出的对表演者的权利保护要求。为了实现两项条款所意在实现的立法目的,对"表演"一词的解读也应势产生不同含义。在研究表演权中的表演行为时,学者往往先区分机械表演和现场表演,再根据具体行为的传播方式和特征,界定该行为是否属于表演权的调整范围(刘佳,2019:98)。而在研究表演者权中权利主体的表演行为时,学者却往往聚焦于该表演是否凝聚了值得著作权法保护的"投入",并从创造性或者执行性出发界定该行为是否能够产生表演者权的保护客体(孙山,2022:86)。

面对现实中的同一行为,遵循两种权利对"表演"这一法律概念的不同界定路径,对《著作权法》的解释有时会有不同的答案。如果想要对"表演"进行统一解读,则有两个问题不可回避:《著作权法》中的两处"表演"是同一个法律概念吗?若是同一个法律概念,对其进行统一解读有何价

---

[1] 对于玩家在剧本杀游戏中的表演是否侵犯表演权,李扬教授与张伟君教授持不同的观点,参见张伟君、张林:《权利人怎样追究"剧本杀"经营者使用盗版剧本的侵权责任》,载《中国新闻出版广电报》2021年12月2日,第7版;李扬:《剧本杀经营者涉他人著作权的行为定性》,载《知识产权》2022年第5期;参见张伟君:《剧本杀经营者不应为玩家私下表演剧本的行为承担侵权责任——对公开表演权的再解释》,载"知产前沿"微信公众号2022年6月13日,https://mp.weixin.qq.com/s/Ad5kFhseJTZI_F1WJYYtxA。

值,又是否会产生冲突?

(一)《著作权法》中的两处"表演"指向同一法律概念

一般认为,法律概念是"对各种法律事实进行概括,抽象出它们的共同特征而形成的权威性范畴"(张文显,2001:57)。若两处"表演"虽然在字面上完全相同,在其法律条文中所抽象的法律事实有着本质上的不同,则两处"表演"并非同一法律概念,也并无统一解读的必要。例如《中华人民共和国民法典》(以下简称《民法典》)中的"本人"这一词语,在代理法律关系中特别指称委托代理人实施民事法律行为的主体[1],但在收养法律关系中则特别指称被收养人。[2]面对法律文本中的这种情况,尽管在形式上会造成一词多义的不利局面,但是囿于语言本身在使用上的特性,并没有统一其解读的必要。

从法律文本出发进行篇章语言学角度的分析,会发现我国《著作权法》在第四章"与著作权有关的权利"中,在明确每种有关权利的具体内容前,每一节的第一条均是行为人成为有关权利主体时,对作品的著作权人应尽的义务。[3]正如图书出版者的出版行为对应著作权人的"复制、发行之权利"[4]、广播电台和电视台的广播行为对应着著作权人的广播权一样,表演者的表演行为也对应着著作权人的表演权。从法律文本的体系上来看,与著作权有关的权利对应着原作品的使用,在每一项权利的开头列明这种使用需要得到著作权人的许可,通过法律文本的篇章结构实现相关权利的立法宗旨——在不损害著作权人利益的基础上保护与作品相关方的利益。法律文本的理解不仅存在于具体字句之中,同时也体现在文本的接受者主动构建语言材料的连贯性的过程和结果之中(高莉,2018:57)。不同于收养法律关系和代理法律关系中的"本人",在《著作权法》的此种结构安排之下,著作权中的"表演"与相关权利中所调整的"表演"指向一致,并非割裂的两项法律概念。

从现实需要中出发,对"表演"的界定是为了回应两项问题——对作品

---

[1]《民法典》第161条规定,民事主体可以通过代理人实施民事法律行为。依照法律规定、当事人约定或者民事法律行为的性质,应当由本人亲自实施的民事法律行为,不得代理。

[2]《民法典》第1114条第1款规定,收养人在被收养人成年以前,不得解除收养关系,但是收养人、送养人双方协议解除的除外。养子女八周岁以上的,应当征得本人同意。

[3]《著作权法》第32条规定,图书出版者出版图书应当和著作权人订立出版合同,并支付报酬;第38条:使用他人作品演出,表演者应当取得著作权人许可,并支付报酬。演出组织者组织演出,由该组织者取得著作权人许可,并支付报酬;第42条第1款:录音录像制作者使用他人作品制作录音录像制品,应当取得著作权人许可,并支付报酬。

[4]《著作权法》第63条规定,本法第二条所称的出版,指作品的复制、发行。

的何种利用属于"表演",这种利用所获得的产物可以在何种范围内获得保护。这两个问题之间逻辑连贯,实现二者之衔接离不开对"表演"这一法律概念的研究。在司法实践中判断即兴表演、体育运动等日常用语所描述的行为是否属于著作权法体系中的表演概念,需要将表演权和表演者权所指涉的表演行为视作同一法律概念,以作品为中心,界清这些行为所展开的具体法律关系,在表演者与作者和其他主体之间划定清晰的权利义务边界。

(二)概念的统一解读有利于法律的可预测性

有学者提出,在解读《著作权法》中的两处"表演"时,应当基于不同的立法目的作出不同的解读(朱光琪,2015:15)。本文也认同表演权和表演者权背后有着不同的立法目的,但两种目的的实现不应基于对同一法律概念的不同解读。法律制度设计对法律概念构筑提出的基本要求在于,每个法律概念的含义至少应当在每部法律规范中保持明确、唯一、统一(张越,2020:334)。如果有一个名称在相同层级的法律规范中指称不同的对象,会给人法律词汇使用不当的印象(秦前红、陈地苏,2017:85)。为了实现法律的正确实施,同一语词在同一法律中的含义应当尽可能保持一致,以便公众理解并预见行为的后果,同时实现法律内部的体系协调(卢秋帆,2010:24)。在著作权法体系的内部,若不统一"表演"一词在两项相关条文中的法律解读,为了实现两项条款各自的目的,司法裁判对"表演"一词的解释需要在二者之间不断往复,导致公众对其所实施行为的法律意义感到困惑,从而无法确定自己是否侵犯了著作权人的表演权,也无法确定自己能否作为表演者并享有相应权利。

"法律是分类的艺术,概念是分类的成果"(杨鹏,2021:81)。事实上,表演权与表演者权中所指涉的"表演"有着相同的本质,即对作品进行诠释与传播。只是二者指向不同的权利目的,表演权的设置意在由法律控制作品的诠释与传播,以此实现著作权人法定的垄断利益。表演者权的设置则意在促进作品的诠释与传播,通过赋权的方式,鼓励表演者继续实施表演行为。二者在内涵上的部分重叠,使得对法律规范中的表演进行统一解读有了可行性,而对于不同权利的立法目的,可以通过具体法律条文的差别构造予以实现。实际上,近年来已有学者致力于研究"复制发行"这一法律概念,力图通过具体条文的构筑实现著作权法与刑法内在的衔接,在应对多样化的司法实践时,维持法律秩序的统一性(郑承友,2022:171)。

（三）立法语言的模糊性与法律概念精确性的追求不冲突

立法者有时候会刻意使用模糊的语言进行立法，因为对法律语言精确性的过度追求有时会与法律语言的可理解性、持久性相抵触（梅林科夫，2014：459，608）。盲目遵从概念可能会导致概念的暴政，进而导致大量不正义的产生（博登海默，1998：508）。但这并不意味着对法律概念精确性的追求就应当被舍弃，以上观点恰恰是在提醒我们，无论是法律概念还是更大意义上的法律语言，其构筑与运用应当为现实的法律实践服务。立法者有时之所以使用模糊的立法语言，正是为了法院在实践中的解释留有余地（郭龙生，2020：48）。随着现实生活不断改变，法律实践也会不断向法律语言提出新的需求，要求法律语言被更精确地解释以符合最初的立法目的。此时，若对法律概念的语义所进行解读和确证，则可以在司法实践中限制目的论证的界限，决定具体法律后果发生与否（雷磊，2017：95）。

"表演"一词已在较长时间内为社会生活实践所使用，其内涵在日常生活中已处于一个相对稳定的状态。但是在运用作为法律概念的"表演"时，为了准确地描述法律概念在现实生活中所指向的行为内涵，不可以机械地将法律语言与日常语言之间画上等号（侯竣泰，2022：143）。日常生活中的"表演"概念，更多指向一种娱乐消遣行为，而这种娱乐性并非著作权法立法的关注点。著作权法之所以围绕表演行为构筑法律规范，目的在于鼓励作品的创作与传播。因此需要从法律规范出发，对现实生活中的表演进行提炼，构筑成尽可能精确的法律概念。随着深度伪造、声学模型等技术的运用和普及，立法者在设计《著作权法》时所认知的表演行业如今已走到了变革的路口，许多新技术的运用似乎与生活中的表演行为颇为相近，但其背后却未必具备"表演"这一法律概念的内核。因此，有必要更进一步剖析"表演"这一法律概念，帮助立法语言适应变化的现实生活。

二、统一"表演"解读的路径反思与核心重构

"表演"是什么？有学者以表演权的控制范围——现场表演和机械表演推断该行为是否属于《著作权法》中的表演，进而判断游戏主播能否成为表演者（蒋一可，2019：132）。然而，此思路存在疑问，无论是《罗马公约》还是 WPPT 从未对表演者表演方式的"现场性"加以限定，若以此作为限定，则电台、直播间、甚至录音棚的歌手难道都无法被称之为表演者？

在对《著作权法》中的"表演"进行统一解读的时候，需要厘清"表演权的范围""表演者的范围""表演的范围"这三点，并以"表演的范围"作为基石，在具体法律条文中实现"表演权的范围"和"表演者权的范围"的清晰划定。因此不能以"表演权的范围"去判断"表演的范围"。即，表演权所控制的"公开的现场传播"并不是《著作权法》中"表演的范围"。无论是区分公开表演和非公开表演的传播性要件，还是区分现场表演和机械表演的再现性要件，都不应当成为解读表演行为的基准。

从直觉出发，"表演"的内涵似乎并不需要在法学研究中再次进行澄清，遵循该词的日常释义似乎就可以满足《著作权法》的适用，但事实并非如此。我国1991年《中华人民共和国著作权法实施条例》第5条第2项规定，"表演，指演奏乐曲、上演剧本、朗诵诗词等直接或者借助技术设备以声音、表情、动作公开再现作品"。然而在后续的修改中，该款与其他对作品利用方式的定义一起从实施条例中被删除，有学者认为这种删除所导致的立法空白对司法适用造成了困扰（王璐，2021：28），实际上这种立法上的空白恰恰反映了司法实践的现实情况——对作品的使用方式进行穷尽式列举已无法适应随着科技日益发展的现实作品使用实践，《著作权法》上表演行为的内涵无法通过条文进行简单列举予以明晰，对这一概念的梳理需要从行为实质上出发。

（一）公开表演与非公开表演的界分不影响"表演"的解读

通过梳理系统性研究《著作权法》中"表演"含义的文献发现，对"表演"行为本身是否必须暗含"以传播为目的"这一要件，学界存在不同的看法。有学者认为著作权法上的"表演"之核心在于诠释，"表演就是以动作、声音、表情忠实地再现具有可表演形式的作品"（冯术杰，2011：105），"现场表演是指演员直接或者借助技术设备以动作、声音、表情公开再现作品或者演奏作品"（黄薇、王雷鸣，2021：88）。但有学者持不同意见，认为仅以诠释作为核心的表演行为界定过于宽泛，认为"著作权法中的'表演'，是指自然人通过姿态动作、声音表情或乐器道具等，对既有作品进行演绎表达，以供他人欣赏的行为。"（熊文聪，2016：183）此时"以供他人欣赏"，即行为否向他人公开，成为了表演的核心要素之一。

"以供他人欣赏"这一"传播性"核心要件的取舍，将会指向《著作权法》中"表演"一词在完成不同立法目的时所扮演的不同角色。在《著作权法》中，关于"表演"的条款的主要集中于两个部分。其一是第二章中著作权人对作品所享有的表演权。这一权利的确立起源于法国，随着歌剧行业的兴盛，若仅赋予剧作家对剧本的出版行为所享有的权利，剧作家无法从已售出剧本在歌剧院所进行的后续演出中获取利益，于是为了衡平剧作家和剧院之间的权利，剧本的表演权被首先确立起来（Albinsson，2012：11）。其二则是在第四章"与著作权有关的权利中"，保护的是表演者对其表演所享有的权利，在表演者权尚未被确立的时候，由于录音录像技术的发展，原本只能呈现于现场的表演被固定于载体之上，通过无限次的复制和销售再现表演者的表演，很多原本需要现场表演的经营场所由邀请表演者进行表演转向购买录制品进行播放，于是表演者希望法律能确定其对表演所享有的权利，最终，在表演者团体的推动下，《罗马公约》的签订确认了相应的表演者权利（张利国，2023：25）。在两种语境之下，前者意图通过控制对原作品的表演以保护原作品的利益，此时的"表演"行为在著作权法语境下的价值在于"传播"；后者则意图通过限制表演者表演的再现以保护表演者的利益，此时"表演"行为的价值则类似某种基于创作或者非创作性投入的生产。也正是因为两种权利在设立时的指向不同，表演行为的传播性究竟是否应当被视作其认定的要件，才会存在分歧。

假如为了保证法律的体系性，将两种语境下的"表演"统一，且将"传播性"视作《著作权法》所指表演行为的要件，则将面临两难的境地——同样的行为是否属于著作权法语境下的表演，将取决于其所处的情景是否具有传播性。例如，某舞团在练舞室进行排练的同时通过相机进行记录复盘，此时练舞室属于封闭的场景，且舞团在主观上也不存在将排练呈现给不特定公众的意图，舞团的行为因在主客观上都不具备传播属性，而不属于著作权法意义上的表演，不受原作品表演权的控制也无法对该表演享有表演者权。然而录像所记录下来的排练过程，却有可能出于其他原因被制作成录制品并发行，并且录制品中舞者的演出在被播放时又将毫无疑问地被解读为表演行为。这种情形如同民法上的效力待定民事法律行为，由后行为的溯及力决定前行为的法律性质，对于完成表演行为的具有完全民事行为能力的主体而言，这种不确定性不利于社会经济交往的开展。

如本章开头所述，表演权想要实现的控制范围是"公开表演"，以此平衡作者的利益与公众对作品的使用。但是实现这种控制的思路不应当是将"表演"限制为"具有公开性的表演"，而是从"表演"的内涵出发，再为其附加限制——"公开表演"只是"表演的一种"，是"表演"的内涵加上

"公开"的内涵，以此实现表演权所意欲控制的公开表演。

（二）现场表演和机械表演的界分不影响"表演"的解读

我国《著作权法》第10条第1款第9项[1]所规定的"表演权，即公开表演作品"，学界通常将其称之为现场表演或者舞台表演，不同的称谓背后实际上是对"live performance"一词的不同解读，有学者将其称之为"舞台表演"[2]，是指以动作、声音、表情等再现作品的活表演行为，并且再现过程中所利用的设备仅指麦克风、音箱等用来强化舞台表演效果的辅助设备，不包括向现场观众播放录音磁带的行为，后者应当属于机械表演。[3]在此种思路之下，机械表演附随于舞台表演的存在，毕竟若无既存的现场表演，又何来《著作权法》第10条第1款第9项中"以及用各种手段公开播送作品的表演的权利"。正是因此，也有观点认为，只有现场表演，才能使表演者获得著作权法表演者权的保护（焦和平，2019：100）。在此种路径之下，对现场表演和机械表演的区分将会影响表演行为的判定，并进而影响表演者权的保护。

然而在现实中，随着传播和表演技术的发展，现场表演和机械表演的先后顺序愈发难以区分。传统演出总是先借助乐器、音响等工具面向线下的观众进行表演，再由录音录像制作者录制表演过程，最终以磁带、光盘等载体，传递给另一个时空的现场观众。但是在主播互联网的直播行为中，因为其流程不同于传统现场演出，这种行为既非在演出时公开面向线下的观众，又并非以录制了表演的载体现场再现歌手的表演，我国《著作权法》所规定的表演权暂未调整主播直播演唱的行为（王迁，2021：26）。若将表演行为限定在表演权所划分的现场表演行为，在统一解读的路径下难以将主播的直播演唱认定为表演者权的保护客体。

---

[1]《中华人民共和国著作权法》第10条第1款第9项规定，"表演权，即公开表演作品，以及用各种手段公开播送作品的表演的权利。"学界通常将该款前半部分称作现场表演（活表演），后半部分称之为机械表演。

[2] 焦和平教授强调，即便是在机械表演的典型情形下，听众依然是身处播放现场接收作品的表演，因此舞台表演一词更为周延，同样的观点也可参见王迁：《著作权法中传播权的体系》，载《法学研究》2021年第2期。由于本文的讨论重点并非两种表演的时空特征，因此本文后续依然使用现场表演代指"公开表演作品"的权项。

[3] 对于这一观点，参见焦和平：《"机械表演权"的法源澄清与立法完善——兼论我国<著作权法>第三次修改》，载《知识产权》2014年第4期；焦和平：《类型化视角下网络游戏直播画面的著作权归属》，载《法学评论》2019年第5期；另外，有的学者虽然使用现场表演一词，但是对其定义与舞台表演基本一致，参见李扬：《剧本杀经营者涉他人著作权的行为定性》，载《知识产权》2022年第5期。

在传统表演产业中，现场表演与机械表演所借助的工具泾渭分明，现场表演借助的是乐器和音响，尽可能增强表演的表现力；而机械表演则是借助留声机和摄影机留下记录，经由录音录像工作室灌录后，在 CD 等新载体上负责表演的再现，并由此区分两种表演权的控制范围。然而虚拟偶像、AI 音源演唱、网络直播的出现却打破了工具之间的鸿沟，表演和表演的再现同时呈现，更重要的是，这些工具背后所代表的产业利益也被重新打乱。

在著作权体系下，几乎每一项著作权的权能都指向特定的版权产业利益，但在数字化时代的浪潮之下，依照传播工具划分产业利益的设权思路难以适应传播技术高度复杂化的现实情况。本文认为，《著作权法》第 10 条对现场表演和机械表演的界分，虽然在立法之初是希望以工具作为区分点，划分表演行为中作品的初次演绎和后续再现所代表的产业利益。但实际上，最终该条款在我国法律体系下，所起到的作用是规制传播源面向同时空下观众的"现场传播"中的表演，且既包括作品的初次表演时的现场，也包括作品借助载体再现时的现场。[1]而作品的演绎和再现以及背后的产业利益，即表演者的利益，难以在现场表演和机械表演的区分路径下得以调整。

（三）表演的言语功能在著作权法体系下具有独立定位

既然以行为工具作为切入点对"表演"进行解读的思路，在传播技术高度复杂化的如今已无法妥善调整产业利益，本文认为可以从表演在作品传播中的言语功能出发，以表演的效果与价值作为解读其在著作权法体系中的定位。理查德·鲍曼在研究语言艺术时，将表演作为一种言说的方式，并指出表演者在交流的过程中建立了一个"阐释性框架"，引导听众在框架之中理解被交流的信息（鲍曼、杨利慧，2008：31，34）。这一观点为我们在著作权法体系下定位表演行为提供了一些启示，表演行为在言说的过程中，注定同时具有两项效果——交流信息、在框架下引导受众理解相关信息。当作品作为信息的载体被表演时，表演行为在产生传播作品效果的同时，也提供了便于受众理解作品信息的框架。这一点也符合现代表演艺术理论对表演艺术的定位，表演的任务不仅在于完满地再现原作品，而且还要对原作品作出新的理解与解释（张前，2005：40）。

在此基础之上，表演行为的两项言语功能需要得到著作权法的回应，由

---

[1] 有关现场表演和机械表演的范围和解释，参见王迁：《著作权法中传播权的体系》，载《法学研究》2021 年第 2 期。

于表演与复制、广播等行为一样，会产生传播作品的效果。于是表演权作为一项著作权被赋予著作权人；同时由于表演行为所构建的框架为促进作品的传播作出了贡献，于是表演行为人获得表演者权以激励作品的传播。正是表演行为在言说上的双重效果使其可以成为著作权法中的独立概念，区别于复制等其他作品利用行为。因此，为"表演"这一法律概念构造其核心内涵，应当牢牢把握"作品信息的交流"和"理解框架的构建"两个要点。

（四）以作品之诠释作为统一解读"表演"的核心

本文认为，综合"作品信息的交流"和"理解框架的构建"这两个要点，将"作品之诠释"作为统一解读"表演"的核心较为妥当，这一核心既把握了表演行为立足于已有作品的事实，又符合表演行为对作品信息的传播作出贡献的事实。在法律文本中，"诠释"一词源自WPPT第2条（a）款为了弥补《罗马公约》对表演者概念规定的不足，对表演者概念所做的补充——"表演者是演员、歌唱家、音乐家、舞蹈家和以表演、演唱、演说、朗诵、演奏、诠释（interpret）或其他方式表演文学或艺术作品或民间文艺表达的其他人"。[1]其补充的目的在于将乐团指挥、舞台剧导演这样的成员认定为表演者，这些成员虽然没有直接以身体动作或者演奏参与表演，但依然可以将自己的诠释和理解融入到表演中（刘银良，2020：22）。本文所采用的"作品之诠释"与WPPT的补充有所不同，这里意指更为广义的"诠释"，既包括指挥和导演这些未亲身参与表演的成员，也包括歌唱者、演奏者这些亲身参与演奏的成员，两类人均能够将自己的诠释呈现在表演之中。

以"作品之诠释"解读表演行为，有两个要点：首先要基于已有的作品，其次应当是客观上存在感知可能的诠释。对于那些不涉及作品的诠释，例如国际上并不被认为属于艺术作品的魔术和杂技，对其进行表演既不会涉及现有作品的表演权，也不会使得表演魔术和杂技的魔术师与演员成为著作权法意义上的表演者（王迁，2019：22）。同样的，生活中那些不依赖于现有作品的即兴表演，其实质是即兴的创作和表演，被表演的作品于即兴的过程中同时创作出来（冯术杰，2011：107）。而对于客观上不可感知的诠释，即纯粹精神世界的理解，既不会挤压著作权人对作品的利益，也不会产生新的保护客体。因此只有符合这两个条件的行为才有置于著作权法下讨论的必要。

---

[1] WPPT, Article 2（a）.

以"作品之诠释"为核心进行解读可以很好地衔接表演权和表演者权的调整范围。且只有当基于原作品的诠释实现了对原作品的再现时,这种诠释才有和原作品抢占市场的可能。例如对文学作品极个别字句的朗读,因为无法实现原作品在整体上的诠释和再现,所以也不会落入原作品表演权的控制范围。同时,也只有实现了对原作品的再现,才能使得诠释者因为其对作品传播的助力值得邻接权施以保护。

三、围绕"作品之诠释"的"表演"要件分析

当我们将"作品之诠释"视为表演行为的核心后,再来看其他有时会被认为是表演行为要件的属性,会发现即便为了实现表演在著作权法体系下的统一诠释而抛去这些属性,仍然可以实现表演权和表演者权的立法目的以及其对各方利益的衡平。

(一)表演行为的判定在于客观性而非公开性

《著作权法》使用"表演"一词,其核心在于实现两项立法目的,一是控制原作品的传播,保护著作权人的利益,正如表演权于法国戏剧行业起源时的考量一样,赋予剧作家控制"表演"剧本行为的权利,其实质就是控制剧本的再现与传播;另一个目的则是控制对作品之表演的传播,以此保护表演作品的表演者的权利,赋予表演者控制其表演的再现与传播的权利。著作权法上的表演行为似乎与公开传播密不可分,将其作为著作权法调整表演的要件似乎无可厚非。但本文认为,公开与否并非表演行为这一法律概念的构成要件,以行为是否具有客观性作为构成要件更为妥当。

一方面,行为的客观性是公开性的前提,纯粹的主观精神活动只存于人的脑海中,自然也不可能具备传播的可能性,以其作为条件所确保的是"表演行为传播的可能性",而非"行为是否实现了公开传播"。另一方面,以客观性作为判定要件,可以强化行为人对其行为法律意义的可预测性,即无论行为人在什么样的客观情形下进行了表演,行为人都可以确信自己的行为构成著作权法意义上的表演,可以使其成为表演者权的权利人。若以公开性作为判定要件,彩排时的表演就有可能因其并未面向公众而不具备公开性,使得行为人无法在行为时预测自己彩排行为的法律意义。此外,客观性也符合表演行为言语功能在著作权法体系下的定位,只要表演行为客观发生,即便在非公开的情况下,表演行为交流信息和引导受众建立框架的功能依然

存在。

至于表演行为的传播属性,本文认为应当交由"公开"[1]和"个人"[2]两词的解读予以划定边界。也就是说,表演者的行为是否落入原作品表演权的控制范围,与该行为能否使表演者赋予著作权法上表演者的权利保护,不应当划上等号。在判断表演权是否被侵权时,即便该行为被解读为表演行为,仍然要判断该行为是否属于"公开"、是否属于"为个人学习、研究或者欣赏"。

(二)表演行为的判定在于再现性而非独创性

表演行为是否必须具备一定的独创性?在著作权相关体系下,对这一问题的讨论时常被提起,是否只有区别于机械执行行为的独创性投入才能赋予表演者权保护以正当性?亦或是对作品传播的贡献足够证成赋予表演者权保护的正当性?本文认为,无论是将表演行为置于著作权的调整体系下,还是将其置于著作相关权的体系内,都不应以独创性作为表演行为的判定要件,而应当基于其是否实现对原作品的再现判定行为的性质。

一方面,若将表演行为限定为具有独创性的行为,则无法将忠实再现原本作品的行为纳入表演权的控制范围,这有违表演权设立的初衷——控制作品被公开出版后的再现。立法赋予著作权人控制复制行为、表演行为和改编行为的利益考量基本一致,即控制作品的传播,在此种视角之下,以独创性要件评价行为人对作品的使用行为无益于这一立法目的的实现。这一点可以从改编权和复制权的裁判思路中得以体现,进行实质性相似对比的作品本身是否具备独创性,并不影响在后作品对在前作品复制权的侵犯,"演绎作品与原作之间存在独创性的改变;但这些不同之处在多数情况下对侵权判断是毫无意义的"(梁志文,2015:45)。将行为的独创性作为表演行为的判定要素,过分缩小了表演行为这一法律概念,不利于表演权的法律适用。

另一方面,若舍弃表演行为的独创性要件,是否会违背保护表演者权的立法初衷。"表演艺术家在戏剧表演、音乐表演过程中虽然也作出了成绩……但是,他们所再现的仅仅是原作者在作品中已经设想好了的东西。"(雷炳德,2005:44)从作品传播的角度看,表演者权的客体是表演活动,而表演活动形成于作品传播的过程之中,表演活动应当忠实地表现原作品的思想、

---

[1]《著作权法》第10条第1款第9项规定,表演权,即公开表演作品,以及用各种手段公开播送作品的表演的权利。
[2]《著作权法》第24条第1款第1项规定,为个人学习、研究或者欣赏,使用他人已经发表的作品。

情感，并以此为基石获得对其进行保护的正当性（王国柱，2018：166）。以独创性作为保护表演活动的前提，并不能为表演者在作品传播中的贡献提供正当性，反而会因为创造性要求的引入，模糊邻接权客体与著作权客体之间的边界，不利于我国著作权法中著作权体系与邻接权体系协调与实现。表演活动和作品这两种保护客体的区分，分别建立在非创作性与独创性的要求之下，表演活动这种邻接权客体所承载的"作品相关信息"和"传播功能"，也在这样的客体界分之下实现了其与著作权制度的统一（王国柱，2018：172）。因此，相较于独创性，以再现性作为表演行为的要件既能更好地适应表演权的适用，也能更好地实现著作权客体保护与邻接权客体保护的协调统一。

（三）表演行为的判定无关借助何种工具

对于我国《著作权法》第10条第1款第9项的文本——"表演权，即公开表演作品，以及用各种手段公开播送作品的表演的权利"，通说将"公开表演作品"称作现场表演，将"各种手段公开播送作品的表演的权利"称作机械表演。有观点认为，只有区别于机械表演的现场表演行为才能构成表演者权保护的前提条件（焦和平，2019：100）；表演者权中的表演不包含机械表演，机械表演仅仅是凭借设备简单地复制现有作品（熊文聪，2016：181）。呈现表演所借助的工具，又是区别机械表演和现场表演的核心元素。以典型的现场表演行为和机械表演行为为例：当自然人在舞台上进行演出，并通过麦克风和音响强化其演出效果时，此时面向观众的传播源是自然人，其余工具仅起到强化演出效果；而在餐厅使用电脑播放录制好的音像制品的情形下，此时面向观众的传播源是音像制品，而非播放音乐的餐厅老板，音像制品的作用是使演出从无到有。在此种观点之下，只有当工具在表演中所起的作用为强化自然人的演出，而非作为传播源从无到有地呈现表演时，此种表演行为才属于现场表演，并进而使表演人有资格成为表演者权的权利人。

本文认为，表演行为的判定不应取决于呈现表演行为所借助的工具。这一点在数字化时代尤为重要，通过数字技术制作的人物也可以为作品注入灵魂并将其呈现（何炼红、付曜，2022：59）。现有学理讨论中关于现场表演和机械表演的判定和界分，意在协调表演权与信息网络传播权、广播权等权利在整个传播权体系下的分工定位，以此作为表演行为本身的界定条件不合理。

从法律文本中出发，机械表演和现场表演的界分并不会影响什么是"表演行为"，其规定内容所界分的是"表演"和"播送作品的表演"，是表演传播手段的区分，而不是表演本身的区分。这一点在立法者对表演权的解读中也能得以佐证，"'用各种手段公开播送作品的表演'指的是'机械表演'，机械表演指借助录音机、录像机等技术设备将前述表演公开传播，即以机械的方式传播作品的表演。"（胡康生，2002：49）表演权的控制范围，需要通过界定"传播表演的手段"而得以明确，但传播手段的区分，并不意味着表演行为本身的判定取决于行为人所借助的工具。认为只有现场表演属于表演行为，进而只将借助强化人类演出表现力的工具所完成的行为视作表演，实质上是混淆了表演行为和对表演的传播行为。

只有将工具从表演行为的判定中剥离开来，才能适应如今创作高度数字化的时代。以制作 AI 翻唱歌曲为例，歌曲的呈现需要经过以下几个环节：采样特定人声并制作成数据集；将该部分数据集使用算法进行训练，得到音源库；最终使用该音源库呈现具体的歌曲。在制作歌曲的过程中，制作者没有唱出任何一个音符，整个制作过程也依赖特定的数据和软件算法工具，显然这些数字工具所起的作用并非"强化自然人的表演"，而是更近似于机械再现他人表演的装置，但最终却从无到有地呈现出了一首与其他自然人表演几乎一样的歌曲之表演。若将表演所借助工具的作为判定表演行为的要件，随着数字化创作工具的不断发展，无法妥善调整日新月异的产业实践。当初设立表演权的立法者，恐怕也难以想象日后的科技能够将人的声音和乐器的声音采样成音源，并通过简单的计算机程序编排使其呈现出美妙的音乐。表演行为的范畴应当拓展至数字化合成的虚拟表演（何炼红、付曜，2022：59），数字化的捕捉和计算也可以实现作品之诠释，表演行为的判定不应涉及工具。

四、"表演"在《著作权法》中的体系化适用路径

在上文对《著作权法》中的表演行为进行统一并扩张解读后，有两个重要问题随之而来：将大量不具备供他人欣赏的主观目的的作品诠释行为解读为表演行为，会不会导致作品的表演权所控制的行为范围过宽；将作品的主观诠释作为表演行为的条件，会不会导致大量不具备激励必要性的表演成为表演者权的保护客体，过度挤压公共领域并影响公众的创作和表演自由？本

文认为可以通过对《著作权法》中其他规定进行相应的体系性解读以回应这两个问题。

（一）以"公开"作为条件限制具有传播属性的表演行为

表演权从诞生之初的立法目的，在于控制被表演之作品的传播，而保护作品表演之权利的正当性也在于作品的传播所蕴含的价值。在功利主义的诠释之下，若公众对作品的使用行为并不会侵害著作权人的利益，则没有必要赋予著作权人相应的垄断权利，以激励更多优质作品的生产。去除表演行为在供他人欣赏这一方面的判定要件，会导致大量本不会损害著作权人利益的行为落入"表演行为"的范围内。

对于表演权控制范围的过度扩张，本文认为可以通过"公开"一词的解读得以限制。虽然本文不认为表演行为本身的判定取决于其是否具有传播属性，但是表演权所控制的表演行为，仅限于具备公开性的表演行为。这一点从法律文本中可以看出，《著作权法》第10条在表演前加了"公开"作为前缀，表演权所控制的行为仅限于具有公开性的表演行为而非所有表演行为。除此之外，《著作权法》第24条第1款的第1项和第9项也对表演权的控制范围进行了限缩，对已发表的戏剧作品的表演和玩已发表的游戏一样，毫无疑问属于"使用他人已发表的作品"，在"为个人学习、研究或者欣赏"的情况下，属于对作品的合理使用；第9项关于免费表演的条款，也可以对表演权的控制范围加以限缩。

本文将表演行为的内涵扩大后，包括剧本杀演出、舞蹈排练之类的行为也会被认定为表演行为。而对这些行为在实践中是否侵犯表演权的判断，应当从主体出发认定表演的公开性。例如，对前文所提到的剧本杀商家使用剧本供玩家体验的行为，虽然玩家的游戏行为构成表演行为，但是并非公开表演。有学者认为，参照美国法院在 Columbia Pictures Indus. v. Redd Horne, Inc. 案件[1]中对私人影院经营场所的认定，应当借助手足论[2]将剧本杀商家拟制为表演行为的主体，并将剧本杀经营场所解读为公开场所，进而证立玩家在经营场所内游玩剧本的行为属于公开表演（李扬，2022：28）。

---

[1] 关于案件的细节，参见 Columbia Pictures Indus. v. Redd Horne, Inc. 749 F. 2d 154 (3d Cir. 1984)．以下简称私人影院案。

[2] 手足论，又称机关论或者工具论，指一定条件下，若某主体将他人直接利用作品的行为作为自己利用该等行为的手足或者工具时，应从法规范的角度将该利用行为主体评价为实施著作权控制范围内行为的直接主体。参见［日］松村信夫、三山峻司：《著作权法要说》，世界思想社2009年版，第118-119页。

但是这种观点在解读上是行不通的：首先，在私人影院案中，争议行为的指向并非消费者的观影行为，而是经营者通过机器播放电影的行为，即所谓的机械表演。行为主体是用机械设备公开播送或再现作品的营业者，与剧本杀表演中由消费者作为表演主体的活表演行为不同[1]；其次，经营场所的公开性确实不会因为消费者活动空间的私密性而被证否，但是行为的公开性判断应当以行为主体作为基准。以私人影院案中的公开性判断为例，商家作为主体在经营场所实施的行为，公众可以在特定或者不特定的时间、通过付费或者免费的方式加以接触，因此即便每个私人影院的包间都具备私密性，仍然不能否认商家行为的公开性。然而在剧本杀经营场所中，实施行为的主体是游玩剧本的玩家，相对于这些玩家而言，其行为只会面向在场的特定消费者，不能参照私人影院案认定表演行为的公开性；最后，即便适用手足论将玩家作为经营者实施表演行为的工具，虽然可以将剧本杀商家认定为实施表演行为的主体，但是将作为消费者的玩家解读为表演行为人的工具后，表演行为所面向的对象也一同成为了行为人的"手足"，若行为人的表演只能面向自己的"手足"，此时表演行为公开性的证成也存在问题。

尽管对表演行为的统一解读有利于法律适用的体系化，但是面对生活中的具体实践，仍需基于主体和对象的要素，把握表演行为公开性的判断，以避免作品权利人的权利范围过度扩张，不利于作品的使用和传播。

(二) 以区别于著作权的有限范围保护表演者权

对表演行为解读的扩张还有可能引起另一方面的担忧，即赋予过多本不该获得著作权法保护的客体以保护，过度挤压公共领域利益，阻碍公众对作品的利用和传播，不利于实现著作权法的价值目标。本文认为，处理这一问题的关键，在于依据独创性有无的标准，妥善区分表演者权的保护客体和著作权的保护客体，并依照著作权法赋予其不同的保护范围。

正如本文前述所定义的表演行为，该行为仅为对现有作品的诠释。表演只是一种执行行为，而非创作行为，不具备独创性；对于具备独创性的即兴表演，其独创性的指向是被即兴创作而成的作品，而非表演行为的独创性（冯术杰，2011：107）。这样的定位是著作权与邻接权在保护客体上的分工所产生的结果，邻接权保护客体的核心功能在于"传播"（王国柱，2018：

---

[1] 关于这一观点，参见张伟君教授对于卡拉OK经营者和剧本杀经营者在行为性质上的区分，《剧本杀经营者不应为玩家私下表演剧本的行为承担侵权责任——对公开表演权的再解释》，载"知产前沿"微信公众号2022年6月13日，https://mp.weixin.qq.com/s/Ad5kFhseJTZI_F1WJYYtxA，最后访问日期：2023年7月24日。

168），施以邻接权保护的目的在于促进文学艺术作品在社会中的传播和利用，这一点不同于著作权保护的目的——激励创作者继续创作作品。于是，在权利保护的不同目的之下，作为邻接权的表演者权所能控制的权利范围也与著作权有着较为不同的边界。其中最核心的区别在于，表演者无权控制他人以相同的方式再现原作品。

《著作权法》并没有赋予表演者垄断其他人以相同方式表演该作品的权利（张利国，2023：24）。表演者的行为仅仅是对原作品的诠释，其无法阻止其他人对原作品进行相同的诠释。即便某种表演真的具备较高的独创性，有在著作权法上对其加以垄断保护的必要，受到保护的也是作者以"表演"这种创作方式所创作而成的作品，而不是表演行为本身。

这一点从《著作权法》的文本中也可以体现出来，我国《著作权法》第52条第5项仅规定了"剽窃他人的作品"的行为，对于侵犯表演者权利的行为，第52条第10项规定的则是"未经表演者许可，从现场直播或者公开传送其现场表演，或者录制其表演的"，这种保护范围的差异，其所体现的正是著作权保护和邻接权保护在目的上的差异，前者激励创作，后者激励传播。对表演行为解读的扩张虽然会扩充表演者权的保护客体，但是这种扩张并不会过分挤占公众的创作自由，类似的情形我们已经在其他传播环节的发展中见到过了——录音录像技术的发展使得每个人都可以将作品制作成录音录像制品，但这种权利保护门槛的降低，并没有使得大量制品所受到的保护挤占公有领域。因为无论是"制品"还是"表演"，都只是作品在传播过程中的某个环节，真正影响公众创作自由的，是认定"作品"的门槛和其保护边界。

结　语

就像曾经电子合成器的普及赋予音乐表演更多的可能性一样，在数字世界进行表演的成本和门槛大大降低，让更多公众有可能参与到作品的诠释与传播中。对《著作权法》中"表演权"和"表演者权"中的表演行为进行统一解读，有利于更好地协调作品的创作者与传播者的利益，让每个行为人在按照自己理解诠释作品的同时，能够在著作权法体系下，清晰地预测到自己行为的法律意义。同时在适用与表演行为相关的《著作权法》法律条文时，应当通过各个法律概念的明确分工，确保司法裁判的体系性和准确性。

参考文献：

[1] Albinsson S. The Advent of Performing Rights in Europe [J]. *Music and Politics*, 2012, 6 (2): 1-22.

[2] [美] 理查德·鲍曼, 杨利慧. "表演"的概念与本质 [J]. 西北民族研究, 2008 (2): 30-39.

[3] [美] 博登海默. 法理学——法律哲学与法律方法 [M]. 邓正来译. 北京: 中国政法大学出版社, 1998.

[4] 冯术杰. 寻找表演中的作品——对"表演"和"表达"的概念反思 [J]. 清华法学, 2011 (1): 97-107.

[5] 高莉. 篇章语言学理论视域下的法律语言可理解性研究 [J]. 西安外国语大学学报, 2018 (1): 47-52.

[6] 郭龙生. 浅议立法语言规范 [J]. 语言与法律研究, 2020 (1): 41-52.

[7] 何炼红, 付耀. 深度仿冒技术下表演者权制度的反思与完善 [J]. 科技与法律（中英文）, 2022 (4): 54-64.

[8] 侯竣泰. 反思与重构: 论中国法律中"拐卖"之表述 [J]. 语言与法律研究, 2022 (2): 136-151.

[9] 胡康生. 中华人民共和国著作权法释义 [M]. 北京: 法律出版社, 2002.

[10] 黄薇, 王雷鸣. 《中华人民共和国著作权法》导读与释义 [M]. 北京: 中国民主法制出版社, 2021.

[11] 蒋一可. 网络游戏直播著作权问题研究——以主播法律身份与直播行为之合理性为对象 [J]. 法学杂志, 2019 (7): 129-140.

[12] 焦和平. 类型化视角下网络游戏直播画面的著作权归属 [J]. 法学评论, 2019 (5): 95-104.

[13] [德] 雷炳德. 著作权法 [M]. 张恩民译. 北京: 法律出版社, 2004.

[14] 雷磊. 法律概念是重要的吗 [J]. 法学研究, 2017 (4): 74-96.

[15] 李扬. 剧本杀经营者涉他人著作权的行为定性 [J]. 知识产权, 2022 (5): 16-31.

[16] 梁志文. 版权法上实质性相似的判断 [J]. 法学家, 2015 (6): 37-50+174.

[17] 刘佳. 论网络表演直播的著作权法适用与完善 [J]. 南京社会科学, 2019 (9): 97-102.

[18] 刘银良. 网络游戏直播的法律关系解析 [J]. 知识产权, 2020 (3): 17-26.

[19] 卢秋帆. 法律语言的模糊性分析 [J]. 法学评论, 2010 (2): 20-26.

[20] [美] 梅林科夫. 法律的语言 [M]. 廖美珍译. 北京: 法律出版社, 2014.

[21] 秦前红, 陈地苏. 法律汉语概念规范化——以"留置"为例 [J]. 湖南社会科学, 2017 (6): 78-86.

[22] 孙山. 虚拟偶像"表演"著作权法规制的困境及其破解 [J]. 知识产权, 2022 (6): 74-91.

[23] 王国柱. 邻接权客体判断标准论 [J]. 法律科学 (西北政法大学学报), 2018 (5): 163-172.

[24] 王璐. 我国著作权法"表演者"概念之厘清——以法学方法论为视角 [J]. 电子知识产权, 2021 (9): 26-33.

[25] 王迁. 论作品类型法定——兼评"音乐喷泉案" [J]. 法学评论, 2019 (3): 10-26.

[26] 王迁. 著作权法中传播权的体系 [J]. 法学研究, 2021 (2): 55-75.

[27] 熊文聪. 论著作权法中的"表演"与"表演者" [J]. 法商研究, 2016 (6): 180-187.

[28] 杨鹏. 立法技术的现状与愿景 [J]. 行政法学研究, 2021 (3): 76-88.

[29] 张利国. 论数字技术对表演者权保护的冲击与法律上的回应 [J]. 政治与法律, 2023 (5): 20-34.

[30] 张前. 现代音乐美学研究对音乐表演艺术的启示 [J]. 中央音乐学院学报, 2005 (1): 36-41+35.

[31] 张伟君, 张林. 权利人怎样追究"剧本杀"经营者使用盗版剧本的侵权责任 [N]. 中国新闻出版广电报, 2021-12-02 (7).

[32] 张伟君. 剧本杀经营者不应为玩家私下表演剧本的行为承担侵权责任——对公开表演权的再解释 [EB/OL]. (2022-06-13). https://mp.weixin.qq.com/s/Ad5kfhseJTZT_FIWIYYtxA.

[33] 张文显. 法哲学范畴研究 [M]. 北京: 中国政法大学出版社, 2001.

[34] 张越. 立法技术原理 [M]. 北京: 中国法制出版社, 2020.

[35] 郑承友. 著作权刑事司法解释的反思与优化——基于"复制发行"司法解释及相关判决的分析 [J]. 山东大学学报 (哲学社会科学版), 2022 (3): 163-173.

[36] 朱光琪. 视听表演者权研究 [D]. 武汉: 武汉大学, 2015.

收稿日期：2023-09-12

作者信息：高卓锐，湘潭大学知识产权学院硕士研究生，研究方向为知识产权法。电子邮箱：202221142674@smail.xtu.edu.cn。

刘友华，湘潭大学知识产权学院教授，博士生导师，研究方向为知识产权法。电子邮箱：liuyouhua@xtu.edu.cn。

The Unified Interpretation of "Performance" in *Copyright Law of the People's Republic of China* with Work Interpretation as the Core

GAO Zhuorui, LIU Youhua

(Xiangtan University, Xiangtan 411105, China)

Abstract: Unlike the current approach in academia, which interprets the "performance" and "performer's rights" separately in *Copyright Law of the People's Republic of China* (hereinafter abbreviated as *Copyright Law*), a unified interpretation of the two performance acts is more conducive to achieving the systematic and predictable nature of the law. Simultaneously, it is also more suitable to realize the pragmatic value of legal language. When the term "performance" is incorporated into the relevant provisions of performance rights and performer's rights and interpreted uniformly, based on the two linguistic functions objectively possessed by performance acts, ensuring the realization of the legislative purposes of the two rights, the core of performance acts should be the subjective interpretation of the work. Criteria such as whether the act has a propagative attribute, the tools used for presentation, and the originality of the act should be abandoned in determining performance acts. Moreover, through a systematic interpretation of the term "public" within copyright law system, the scope of performance rights can be restricted. Additionally, distinguishing performer's rights from copyright protection ensures the protection of performer's rights without encroaching upon the public domain of creativity.

Keywords: Performance Rights; Performer's Rights; Related Rights; Copyright Law

（责任编辑：王琳）

法律英语教学研究

新时代涉外法治课程体系建设

——以"英语+法律"学科交叉为核心

宋书强

摘 要：推进涉外法治是全面依法治国的必然要求。中共中央办公厅和国务院办公厅印发的《关于加强新时代法学教育和法学理论研究的意见》中再次强调培养涉外法治人才的重要意义。涉外法治建设的推进离不开坚实的人才保障，为此必须培育高质量的涉外法治人才。法律外语的应用能力作为中国涉外法治人才培养工作中一项基础而重要的任务，为更好地开展"法律+英语"交叉学科建设，契合新文科建设的理念，应分别从教育理念、学科交叉、课程实践三个方面着手，完善涉外法治相关课程体系建设，培养具有国际视野、熟练运用外语、精通国际规则的复合型涉外法治人才，从而为我国涉外法治工作的布局与开展以及更好地服务于"一带一路"建设提供技术支持和人才保障。

关键词：涉外法治　涉外法治人才　课程体系　学科交叉

引 言

2014 年，党的十八届四中全会《中共中央关于全面推进依法治国若干重大问题的决定》要求"建设通晓国际法律规则、善于处理涉外法律事务的涉外法治人才队伍"（郭雳，2020：38）。

2020 年，教育部发布的《新文科建设宣言》对新文科建设作出了全面部署，提出"专业优化""课程提质""模式创新"是新文科建设三大重要抓手（中华人民共和国教育部，2020）。

2021 年，习近平总书记在第十九届中共中央政治局第三十五次集体学习中再次强调"要加强涉外法治人才建设"（莫纪宏、徐梓文，2022：11）。

涉外法治人才的培养作为国家战略布局及新文科建设的重要内容，应由各高校充分发挥人才培养的主渠道作用，加快应用型涉外法治课程体系建设的步伐。

一、涉外法治课程体系建设的必要性

涉外法治人才作为推进涉外法治建设的重要基础，培养涉外法治人才是党和国家对英语教育与法学教育的发展提出的明确要求。有学者认为，中国需要的涉外法治人才不只是精英明法的复合型人才，更应是应用型人才（张法连，2018）。

但当前高校的英语与法学教育对学生而言更多是知识输入的过程，而社会需要的却是输出型人才。帮助英语与法学专业的学生将所学的英语知识和法律知识由输入转化为输出，提升其参与涉外法律实践的能力，离不开英语学科与法学学科的交叉融合及应用型课程体系的建设。建设应用型涉外法治课程体系对于统筹国内法治与涉外法治建设、高校新文科建设以及涉外法治人才的个人发展都具有重要意义。

（一）推进全面建设法治强国的必然要求

坚持统筹推进国内法治和涉外法治是建设法治强国的必然要求，加强涉外法治人才培养是全面依法治国的重要决策部署（沈国明，2023：14）。全面推进法治强国的建设离不开涉外法治的推进，涉外法治人才作为推进涉外法治建设的基础和根本，其英语水平和法治素养必然影响着涉外法治建设的推进以及全面建设法治强国的进程。以"英语+法律"学科交叉为核心的应用型涉外法治课程体系建设不仅有利于涉外法治人才从法治维度与涉外角度认识、分析国际事务，培养其涉外法律素养，而且有利于培养涉外实践能力，使其具备领会与时俱进的法治精神的灵活思维，善于将自身发展与法治国家建设相联系，从而为涉外法治建设提供坚实的人才保障。由此可见，应用型涉外法治课程体系建设是推进全面建设法治强国的重要前提之一。

（二）实现高校新文科建设的现实需要

新文科以继承与创新、交叉与融合、协同与共享为主要途径，促进多学科交叉与深度融合，推动传统文科的更新升级，从学科导向转向以需求为导向，从专业分割转向交叉融合，从适应服务转向支撑引领（王铭玉、张涛，2019）。

新文科既倡导不同学科的交叉融合，又强调人才培养与社会现实发展紧密相连。培养复合型应用型人才是高校新文科建设的重要目标之一，涉外法治人才属于跨学科复合型应用型人才，迎合新文科建设的应有之义。高校作为涉外法治人才培养的第一阵地，构建应用型涉外法治课程体系，一方面有助于提升高校涉外法治建设水平，另一方面也有助于推动高校内部的学科交叉融合与课程体系革新，提升高校新文科建设水平。在新文科建设这一背景下，如何创新思路，打造应用型涉外法治课程体系，更好地培养应用型涉外法律人才，是值得各高等院校深入思考的一个问题。

（三）提升涉外法治人才发展的重要基础

英语与法律的复合应用能力对涉外法治人才的个人成长和发展具有重要意义。应用型涉外法治课程可以帮助涉外法治人才在掌握扎实的英语语言技能的基础上，更加深刻地领会域内外法律的基本原则和规定，增强对涉外法律问题的认知和理解能力，全面提高涉外法律素养；从而促使其积极参与国际事务，维护国家主权与安全，为推进涉外法治做出应有贡献；同时为国内法治建设，社会和谐，人民幸福，国家安全稳定树立牢固的保障。此外，涉外法律实践能力是现阶段应用型涉外法治人才应当具备的能力之一，而法律实践能力的养成离不开应用型课程的培养。为此，高校必须加快推进应用型涉外法治课程建设，进一步完善涉外法治人才的综合素质与实践能力，使其成为胜任涉外法治建设的有用之才。

二、涉外法治课程体系建设的新要求

新时代背景下，中国正积极参与全球治理，并大力推进"新文科"建设的实施，因此对涉外法治人才的培养也提出了新的时代要求。

（一）涉外法治建设需要复合型人才

当前，国际局势日渐复杂，国家竞争日益激烈。为推动国际体系和全球治理向更加公平合理的方向发展，中国正以更加积极的姿态走向国际舞台。随着中国的国际地位和全球影响力不断提升，国家对涉外法治人才的需求也日益增加。2020年习近平总书记在《论坚持全面依法治国》中指出："这些年来，我国涉外法律服务业有了长足发展，但同快速增长的需求并不相配。目前，国内能够熟练办理涉外法律业务的律师只有七千二百多名，能够办理'双反双保'业务的律师不到六百名，能够在世界贸易组织上诉机构独立办理业务的律师只有三百多名。国内企业大量的涉外业务都被欧美律所拿走了，其中蕴含着很大的安全风险。"习近平总书记的讲话深刻揭示了我国涉外法治人才供给不足，与我国的大国地位不相匹配的情况。为弥补我国涉外法治人才不足的短板，国家亟需培养一批熟练运用法律外语、通晓国际规则制定、精通涉外法务谈判、办理涉外法律案件的"英语+法律"复合型人才。培养"英语+法律"复合型涉外法治人才可以在以下领域进一步推动中国的对外交往与国际化进程。

1. 国际交往和贸易合作

随着全球化的深入，"一带一路"倡议的推行，中国的国际交往和贸易合作变得更为频繁与复杂。培养"英语+法律"复合型涉外法治人才能够为中国在国际交流、国际经贸合作、跨国投资等方面提供专业的法律支持，规避跨境贸易与投资方面的法律风险。

2. 国际法治体系的建设

国际法治体系是国际社会的基础性规则和准则，随着中国在国际事务中的地位和影响力不断提升。培养"英语+法律"复合型涉外法治人才能够为中国参与国际法制建设、参与国际规则制定等方面提升国际话语权提供坚实的人才保障。

3. 维护国家主权和利益

国家的对外利益和权益需要受到法律的保障和维护。培养"英语+法律"复合型涉外法治人才能够为中国在国际争端解决、国际仲裁和国际诉讼等方面提供专业的法律服务和支持，有效维护国家的利益和声誉。

4. 推动国内法治建设

国内法治与涉外法治是相互促进的。培养"英语+法律"复合型涉外法治人才能够引进国际先进法治理念和实践经验，为国内法治建设提供借鉴经验，推动国内法治和涉外法治协同发展。

综上，培养"英语+法律"涉外法治人才是适应当前国际发展趋势和国家对外交往需求的重要举措。这将为中国在国际事务中发挥更重要的作用、维护国家主权和利益、提升国际地位和影响力以及推动国内法治建设提供坚实的人才保障。

（二）社会经济发展需要应用型人才

应用型人才是指具备扎实的基础理论知识和专业知识，同时能够将其应用于实际工作中解决实际问题，具有较强的实践能力、创新能力的高素质人才。社会经济发展需要应用型人才来推动。培养应用型人才是新时代对高等教育提出的要求，也是社会市场的需求。传统的英语专业与法学专业的人才培养模式已经逐渐无法满足社会经济发展对应用型人才的需求，致使英语专业与法学专业毕业生的就业形势日趋严峻。

1. 传统英语专业就业形势严峻

改革开放之初，随着大量外资企业的涌入，国内市场对英语专业毕业生的需求激增。当时英语专业的学生自带求职光环，毕业后纷纷进入政府涉外部门和外商投资企业。特别是中国加入WTO以后，伴随国内市场的进一步开放以及国内外业务交融的进一步加深，英语人才变得更为炙手可热。各高校英语专业也为国家和社会培养了一批又一批高素质人才，在推动国家的国际交流、贸易合作、文化传播等方面做出了积极贡献。

但随着国内高校相继开设英语专业，英语学习日渐"大众化"，截止到2023年，全国开设英语本科专业的院校已有956所[1]。同时，伴随外资经济的日渐势微，传统笔译、口译就业市场趋于饱和，英语专业毕业生光环不再。早在2012年，中国社科院发布的《中国大学生就业报告》就将英语专业列为"红牌专业"[2]（麦可思研究院，2012）。在2018年教育部关于本科专业调整的申报中，更是有五个院校的英语专业被撤销（中华人民共和国教育部，2018）。

此外，外资企业越来越重视学生对语言的实际应用能力和跨文化交际能力，而非学科专业背景。因此，其他专业的学生在高分通过雅思和托福考试后也一定程度上抢占了英语专业毕业生的工作岗位，这对英语专业学生而言无疑是雪上加霜。于是乎，近几年网络上"千万别报英语专业"的论调甚嚣尘上，为高校英语专业的发展带来了新的挑战。

挑战亦是机遇，2020年教育部高等学校外国语言文学类专业教学指导委员会发布的《普通高等学校本科外国语言文学类专业教学指南（上）——英语类专业教学指南》指出："英语专业应培养具有良好的综合素质、扎实的英语语言基本功、较强的跨文化能力、厚实的英语专业知识和必要的相关专业知识，能适应国家与地方经济建设和社会发展需要，熟练使用英语从事涉外行业相关工作的英语专业人才和复合型英语人才。"该指南为英语专业指

---

[1] 数据来自于"中国教育在线"英语专业介绍：https://www.gaokao.cn/special/45?sort=1&special_type=3&fromcoop=bdkp。

[2] 表示失业量较大，就业率、月收入和就业满意度综合较低的专业。

明了新的发展方向。

2. 传统法学专业就业前景堪忧

与英语专业同病相怜，法学专业的就业形势同样严峻。法学专业连续十年被中国社科院发布的《中国大学生就业报告》列为"红牌专业"（麦可思研究院，2022）。

自 1999 年扩大招生规模以来，高校法学专业的招生人数逐年增长，截至 2023 年，全国已有 600 所院校开设法学本科专业[1]，法学专业在校学生近 67 万人，约占全国在校大学生总人数的 1.3%[2]。而社会每年所能够提供的就业岗位与前一年大体持平，再加上过去几年的待业大学生，供求关系的不平衡导致法学专业就业形势日益严峻。

此外，由于法学专业招生名额的逐年增加，法学教育出现大众化的趋势。而法律职业的专业化和精英化是世界上各发达国家的法律传统之一，也是中国法律职业的发展趋势（高金娣，2014）。因此，法学教育的大众化与法律职业精英化的冲突亦是导致法学专业就业困难的重要原因之一。

为引导法学专业发展，2023 年中共中央办公厅和国务院办公厅印发的《关于加强新时代法学教育和法学理论研究的意见》中明确指出，要推进学科交叉融合发展，培养高质量复合型法治人才，培养具有国际视野，精通国际法、国别法的涉外法治紧缺人才（新华社，2023）。

3. 复合型应用型人才是大势所趋

随着经济全球化的深入，尤其是加入 WTO 以来，中国的对外贸易增长迅速。2022 年中国货物贸易进出口总值 42.07 万亿元人民币，比 2021 年增长 7.7%。其中，出口 23.97 万亿元，增长 10.5%；进口 18.1 万亿元，增长 4.3%，我国在 2021 年高基数基础上继续保持了稳定增长，规模再创历史新高，连续 6 年保持世界第一货物贸易国地位（杜海涛，2023）。

但近年来贸易保护主义、单边主义日益抬头，中国作为贸易保护主义的头号受害国，以美国为首的西方国家针对中国设置层出不穷的贸易壁垒，导致中国企业所面临的国际贸易摩擦日益增加。商务部公布的信息显示，中国已连续 29 年成为全球遭遇反倾销调查最多的国家，连续 18 年成为全球遭遇反补贴调查最多的国家。如何保护中国企业和公民在境外投资与贸易中的合

---

[1] 数据来自于"中国教育在线"法学专业介绍：https://www.gaokao.cn/special/14? special_ type=3。
[2] 数据来自于中华人民共和国教育部普通本科分学科门类学生数：http://www.moe.gov.cn/jyb_sjzl/moe_560/2021/quanguo/202301/t20230103_1037969.html。

法权益已不仅是政府层面的困扰，亦是涉外企业与律师事务所亟待解决的难题。因此，就业市场对处理涉外纠纷的人才需求急剧增加，特别是对精通英语的法律人才需求尤为突出。但当前外资企业、涉外律师事务所急需的并不是既懂英语又懂法律的人才，而是能够将英语与法律融会贯通，既具备良好的英语语言能力，又深刻了解国外法律规则和体系，同时能够将所学知识应用于实践，真正为企业解决国际贸易纠纷，维护合法权益的人才。社会所需要的涉外法治人才不是简单的"1+1=2"的"英语+法律""双学位""毕业生"，而应是"1+1>2"的"英语+法律"复合应用型人才。

因此，高校的英语专业教学与法学专业教学，其定位都不应仅仅以考试为驱动，而应充分适应社会经济发展的需求。高等教育要解决的是真问题而不是伪问题，社会经济发展需要什么样的人才，高校就应当培养什么样的人才。当前，应用型人才的培养是社会经济发展的必然要求。为此，高校应积极探索新型人才培养模式，加强实践教学、校企合作，提高人才培养的质量和水平，为推动社会经济发展做出应有贡献。

（三）新文科建设需要学科交叉融合

新文科是后工业时代基于知识高度综合化、信息化、数字化的一种文科知识生产与再生产的新形态，是人文社会科学发展到一定阶段后的自我更新与调适，是人文社会科学适应时代发展的必然结果（权培培等，2021：280）。传统的文科教育更加注重理论教育和学术研究，但现代社会迫切需要具备实操技能和应用能力的跨学科复合型人才。有学者认为，相较传统文科而言，新文科的"新"体现在："突破传统文科封闭式的思维模式和发展模式，打破学科和专业的壁垒，从学科导向转向需求导向，从专业分割转向交叉融合"（孟宇、张学伟，2023：90）。新文科建设要求充分整合不同学科的知识，使不同学科之间的联系和合作更为紧密，进而构建新的研究领域，以应对当今社会面临的新挑战。为此，新文科建设迫切需要各高校在人才培养模式上进行跨学科融合。

如前文所述，单一英语专业和法学专业所培养的人才已经无法适应国家战略和社会发展的需要，因此，进行学科交叉融合，培养复合型涉外法治人才是大势所趋。新文科建设体现在涉外法治人才培养上即英语学科与法学学科的交叉融合，英语与法学交叉融合的培养方式有助于回应当前国家战略布局和社会经济发展的现实需求，培养熟练运用法律外语、通晓国际规则制定、精通涉外法务谈判、办理涉外法律案件的复合型涉外法治人才。因此，高校的新文科教育应该更加注重培养学生的复合型知识背景与应用型实践能力，以便其更好地适应社会的需求并为社会发展做出积极的贡献。

综上，为适应现代社会的复杂性和挑战，高校应秉承新文科建设的要义，努力促进学科交叉融合，培养复合型应用型人才，以满足社会的实际需求，这也将有助于高校的文科教育更好地适应时代的发展与变化。

三、应用型涉外法治课程体系建设的新方向

人才培养的成败在很大程度上受制于课程体系的建设，高校课程体系建设应立足国家宏观发展需要，以社会市场需求为导向，并符合新文科建设的时代要求。

（一）顺应国家战略构建复合型人才培养目标

高校的人才培养，最重要的就是与国家的战略布局保持一致，承担为国育人、为党育才的光荣使命。当前国家战略发展对"英语+法律"复合型人才的需求十分迫切，因此，高校在涉外法治人才的培养目标上应摒弃单一化、片面化。涉外法治人才并不等同于国际法人才，涉外法治人才培养也不等同于国际法人才培养，涉外法治比国际法内涵更为丰富，既包括传统意义上的国际法——国际公法、国际私法、国际经济法等，也包括中国法的域外适用，还包括有重要影响力的国别法（张法连，2021）。

培养涉外法治人才的首要目标是提升学生运用扎实的语言功底和专业的涉外法律知识分析和解决涉外法律问题的能力。为此，高校应从以下四个方面构建涉外法治人才的复合型培养目标，引导学生形成"英语"与"法律"结合的跨学科知识结构：第一，具备扎实的英语语言能力，熟练掌握视、听、说、读、写、译等方面的基本语言技能；第二，具有较强的跨文化交际能力，摆脱单一文化思维模式的束缚，充分了解国外的政治、经济、社会、历史、文化、习俗，理解不同文化之间的差异；第三，具备良好的法律思维能力，在全面理解中国国内法治进程的同时，也深入了解英美国家的法律制度和法律文化；第四，具备坚实的法律实践能力，通晓国际法律规则，具有国际视野，拥有较强的涉外谈判沟通能力和从事涉外法务工作的能力。

（二）迎合市场需求转变教育理念和培养模式

人才培养强调"知行合一"教育理念的构建，实践教学是人文社科类专业人才培养的内在要求。做好新时期经济社会发展所需人力资源供给，是新

文科服务社会的直接方式之一。高校的涉外法治教育应当摒弃传统的以理论知识教育为重心的教育理念，转向以实现社会价值和培养实践能力为核心的教育理念，同时探索理论与实践相结合的新型培养模式，构建应用型实践课程体系；通过增加课堂实践教学、第二课堂活动、专业实习等方式，以市场需求为导向推进涉外法治人才实践教学深入发展。

涉外法治人才培养还应注重校内外合力，高校应联合国际商事法庭、国际经济贸易仲裁委员会、非政府间国际组织、跨国企业、涉外律师事务所等多方社会主体共建协同育人体系，形成多元化的培养机制，充分发挥社会各职能主体在育人方面的积极作用，从而促进高校与企业有效对接，并建立完善的职业网络，落实学生就业去向。通过与多方社会主体的协同合作，高校可以更好地了解社会与市场的实际需求，并根据这些需求调整课程设置与教育模式；同时，这类合作还可以为学生学习涉外法律知识、锻炼涉外法律实务能力提供更多的实践机会，使其能够将所学的知识切实应用于实际问题的解决。如此，方能实现教育社会化，实现高校与企业协同育人，共同培养真正符合市场需求的应用型涉外法治人才，为社会和经济发展做出更大的贡献。

（三）以学科交叉为指引构建复合型课程体系

培养涉外法治人才不能通过先学外语，再学习法律；也不能通过先学习法律，再学习英语；更不能仅依靠法律英语一门课程（张法连，2022）。涉外法治人才的培养需要构建一门新型的交叉学科，通过英语和法律的同步学习来对其进行培养；要引导学生在英语文本中充分理解法律，在法律实践中熟练运用英语。当前英语和法学两个学科相互割裂的旧课程体系，在统筹推进国内法治和涉外法治以及新文科建设的背景下已经无法满足涉外法治人才的培养需要。所以，有必要尽快建立契合涉外法治人才培养目标的新型课程体系，摒弃传统英语教学和法律学教学"两张皮相分离"的现象。进而构建以英语与法律学科交叉融合为核心，以适应国家战略布局和社会发展需要为导向，符合我国国情和就业要求的复合型课程内容和应用型涉外法治课程体系。

1. 课程体系复合化

涉外法治课程体系构建应秉承新文科建设交叉融合的发展理念，以英语作为媒介和切入点，帮助学生掌握涉外法律知识和技能（孟宇、张学伟，2023：93）。当前，传统的法律知识型课程与外语技能型课程已经无法充分激发学生的学习兴趣,更无法满足新时代、新文科背景下国家对培养涉外法治人才的新要求。因此,需要建设"英语+法律"跨学科复合型课程,以培养能够熟练运用法律外语、通晓国际规则制定、精通涉外法务谈判、办理涉外法律案件的"英语+法律"复合型人才。对此,高校应设置合理的涉外法治课程体系,开设专门的课程引导学生了解国内外法治进程,并通过必修课程与选修课程相结合的形式,将涉外法律知识融入英语课程的视、听、说、读、写、译教学中,同时结合启发式教学、案例教学、团队互动等方式提升学生对涉外法律知识的兴趣和探索,以培养其语言能力和法治思维。

2. 课程导向实践化

为了满足新文科背景下的涉外法治人才培养工作,高校的法学教育应扭转"重课堂教学,轻社会实践"的教学理念,积极为学生提供更加广泛的实践机会。除了开展课内的英语与法律教学活动外,还应注重课外教育与学生实践能力的有机联系,通过开展形式多样的涉外法律实践活动,逐步提升学生的英语语言运用能力与涉外法律实践能力。如定期开展国际模拟法庭、涉外律所实习、国际组织观摩等活动,为学生创造更多的涉外法律学习和实践机会,帮助学生积累丰富的社会实践经验,引导学生将理论知识转化为实际工作能力。

3. 课程内容国际化

涉外法治人才的培养内容应与国家战略布局、社会实际需要以及学生未来的职业发展相联系。为此,高校应编排具有前瞻性和实践性的涉外法治教材,在教材中应注重引入与涉外法治相关的教学案例,如国际经贸规则、国际交流合作、跨国案件处理等内容,引导学生结合所学的英语与法律知识思考具体的问题解决方法,同时注重与涉外法治相关的法律逻辑训练,加深学生对涉外法治思维的认知。

4. 师资队伍多元化

涉外法治人才的培养离不开专业师资力量的支撑,但目前高校的涉外法治课程授课教师分别来自英语专业和法学专业,其学科背景多为单一的语言学或法学。因此,高校应在鼓励英语和法学专业的教师协同开展教学工作的同时,不断提高英语教师的涉外法律素质,增强法学教师的外语语言能力,打造一支精通英语语言与涉外法律的复合型专业教师队伍。

此外,高校还应加强校企合作,切实拓展学生实践渠道和校外师资队伍建设。应结合学生的职业发展,建立校内校外双导师制,在打造一支具有良好涉外法律素养的校内导师队伍的同时，邀请精通涉外法律实务的行业导师一同参与教学和指导，这样才能担负起涉外法治人才培养的重要使命。

四、结语

涉外法治人才作为国家人才的重要选拔和培养对象、国家改革和对外交流的强劲推动力，是国家未来发展的核心力量，涉外法治人才的培养工作直接关系到我国涉外法治建设的顺利推进。涉外法治课程体系的建设作为一项长期的系统工程，需要循序渐进，分步骤分阶段开展。随着新文科建设在全国全面推进，各高校的涉外法治课程体系建设应遵循新文科建设的目标和路径，确立复合型育人目标，改革传统的教育理念和培养，实现从单一培养模式到学科交叉融合的转变；并在完善涉外法治课程体系的同时，联合社会多方主体积极探索协同育人路径，实现涉外法治在人才培养与社会发展中的良性互动。

参考文献：

[1] 杜海涛．我国进出口规模首次突破40万亿元（新数据　新看点）——连续6年保持世界第一货物贸易国地位［N］．人民日报，2023-01-14（1）．

[2] 高金娣．法学专业学生学习心理障碍及疏导对策［J］．教育与职业，2014（14）：96-97．

[3] 郭雳．创新涉外卓越法治人才培养模式［J］．国家教育行政学院学报，2020（12）：38-45．

[4] 教育部高等学校外国语言文学类专业教学指导委员会．普通高等学校本科外国语言文学类专业教学指南（上）——英语类专业教学指南［M］．上海：上海外语教育出版社，2020．

[5] 麦可思研究院．就业蓝皮书　2012年中国大学生就业报告［M］．北京：社会科学文献出版社，2012．

[6] 麦可思研究院．就业蓝皮书　2022年中国本科生就业报告［M］．北京：社会科学文献出版社，2022．

[7] 孟宇，张学伟．论高校外语课程体系建设——以新文科建设为视域

[J]．新文科理论与实践，2023（2）：90-97．

[8] 莫纪宏，徐梓文．为涉外法治提供坚实立法保障[N]．光明日报，2022-04-01（11）．

[9] 权培培，段禹崔，延强．文科之"新"与文科之"道"——关于新文科建设的思考[J]．重庆大学学报（社会科学版），2021（1）：280-290．

[10] 沈国明．在大国治理新征程中推进法治中国建设——习近平法治思想研究综述[J]．东方法学，2023（1）：4-17．

[11] 王铭玉，张涛．高校"新文科"建设：概念与行动[N]．中国社会科学报，2019-03-21（4）．

[12] 习近平．论坚持全面依法治国[M]．北京：中央文献出版社，2020．

[13] 新华社．中办国办印发《关于加强新时代法学教育和法学理论研究的意见》[N]．人民日报，2023-02-27（1）．

[14] 张法连．涉外法治专业人才培养需要厘清的几个问题[J]．新文科教育研究，2021（04）：5-15．

[15] 张法连．提高涉外法治专业人才培养质量的思考[J]．中国高等教育，2022（C2）：57-59．

[16] 张法连．新时代法律英语复合型人才培养机制探究[J]．外语教学，2018（3）：44-47．

[17] 中华人民共和国教育部．教育部高等教育司关于开展2018年度普通高等学校本科专业设置工作的通知[EB/OL]．http：//www.moe.gov.cn/s78/A08/tongzhi/201806/t20180620_340420.html，2018-06-13/2023-11-01．

[18] 中华人民共和国教育部．新文科建设工作会在山东大学召开[EB/OL]．(2020-11-03)[2013-11-01] http：//www.moe.gov.cn/jyb_xwfb/gzdt_gzdt/s5987/202011/t20201103_498067.html．

收稿日期：2023-11-01
作者信息：宋书强，吉林大学博士研究生，研究方向为法学教育与法学理论。电子邮箱：308323253@qq.com。

Constructing a Curriculum System for Foreign-Related Rule of Law in the New Era—Considering the Intersection of Law disciplines and English as the Core

SONG Shuqiang

(Jilin University, Changchun 130012, China)

Abstract: Promoting foreign-related rule of law is an essential safeguard for resolving complicated international conflicts as well as an inevitable need for developing a modern and powerful nation under the rule of law. New criteria for the development of foreign-related legal talents in our nation were proposed in the Opinions on Strengthening Legal Education and Legal Theory Research in the New Era published by the "Two Offices" (General Office of the Central Committee of the Communist Party of China and the General Office of the State Council). It is impossible to separate the development of foreign-related rule of law construction from a strong human resource guarantee, which calls for the cultivation of high-quality foreign-related rule of law talent. In order to effectively carry out the interdisciplinary construction of law and English and conform to the concept of the establishment of new liberal arts, the application ability of legal foreign languages is a fundamental and crucial task in the training of foreign-related legal talents in China. We should begin with the three aspects of education philosophy, discipline intersection, and curriculum practice—in order to better improve a curriculum system related to foreign rule of law. From there, we can develop skills in foreign rule of law that are multifaceted, international perspective, proficiency in using foreign languages, and knowledge of international rules. To assist China in its endeavors to more effectively promote the rule of law abroad by offering technical support and talent assurance for the planning and constructing of China's "Belt and Road" construction project.

Key words: Foreign-related Rule of Law; Foreign-related Legal Talents; Curriculum System; Interdisciplinary

（责任编辑：陆贝旎）

《语言与法律研究》稿约

一、投稿方式

凡惠投稿件者，请通过线上采编系统(http://www.yyflyj.cupl.edu.cn)投稿。上传稿件的文件名以论文标题命名，不得包含作者姓名、工作单位、基金项目名称等有关作者身份的信息。

无法实现论文网上在线投稿的作者，可发投稿邮箱：yyyflyj@163.com; 也可将稿件寄至北京市海淀区西土城路25号中国政法大学外国语学院《语言与法律研究》编辑部，邮编：100088。

二、稿件要求

来稿凡论文在1万字左右为宜，选题有重大研究价值者不超过2万字。简介、报道等不超过3000字。论文请附中英文题目，并在正文前加列中、英文内容提要和关键词。内容提要为文章主要观点之提炼，中英文提要200–300字。中、英文关键词各3至5个。来稿请严格遵守《高等学校哲学社会科学研究学术规范（试行）》；选题应具有理论意义或现实意义；文章力求论点鲜明、方法得当、资料翔实、论证严密。

三、作者信息

为了便于匿名评审，来稿正文请勿包含作者信息和联系方式（约稿除外）。须另上传独立文件至采编系统中，写明论文题目、作者姓名、单位、所在部门、学历、职称、职务、研究方向、通讯地址、邮政编码、电子邮箱和电话号码。

四、用稿通知

作者可在网站已投稿件的"当前状态"查看稿件的评审状态。自投稿之日起，如稿件在3个月内未获用稿通知，即可自行处理，请勿一稿多投。一经录用，编辑部有权出于版面需要对稿件进行必要的修改。

五、注释体例

论文具体格式请参照"论文模板"一栏。

六、评价标准

为了保证学术质量，《语言与法律研究》聘请国内外知名专家组成编委会，实行同行专家双向匿名审稿制度。专家匿名评审的标准主要分为具体评价指标、论文总评价两大项。具体评价指标包括选题价值、论文创新、论证方法、论证深度、文字规范和潜在引证率等；论文总评价主要是指论文在本学科的定位。专家根据以上标准给出评价意见和采用意见。来稿请务必保证文章版权的独立性，严禁抄袭，否则后果自负。

《语言与法律研究》编辑部

声　明　1. 版权所有，侵权必究。

　　　　2. 如有缺页、倒装问题，由出版社负责退换。

图书在版编目（ＣＩＰ）数据

语言与法律研究.2023年.第2辑/张法连主编.—北京：中国政法大学出版社，2024.1
ISBN 978-7-5764-1446-2

Ⅰ.①语…　Ⅱ.①张…　Ⅲ.①法律语言学—研究　Ⅳ.①D90-055

中国国家版本馆CIP数据核字(2024)第079044号

书　名	语言与法律研究（2023年第2辑） YUYAN YU FALÜ YANJIU 2023.2
出版者	中国政法大学出版社
地　址	北京市海淀区西土城路25号
邮　箱	bianjishi07public@163.com
网　址	http://www.cuplpress.com（网络实名：中国政法大学出版社）
电　话	010-58908466(第七编辑部) 58908334(邮购部)
承　印	保定市中画美凯印刷有限公司
开　本	787mm×1092mm　1/16
印　张	11
字　数	180千字
版　次	2024年1月第1版
印　次	2024年1月第1次印刷
定　价	32.00元